자스빈더 빌란

저는 인도의 농가에서 태어났어요. 이곳은 히말라야의 산기슭과 가까워요. 저와 가족은 심술꾸러기 낙타와 '오마'라 불리는 야생 인도 원숭이와 함께 살았어요. 오마가 우리를 가족으로 선택해 주었거든요.
　가족이 먼 곳으로 이사했을 때 저는 고작 한 살 반이었어요. 다 함께 모여 저녁을 먹을 때면 모두 인도에 살았던 이야기를 나누고는 한답니다. 우리가 사랑했던 오마도 빠지지 않고 이야기했어요. 오마는 오빠와 함께 멀구슬나무에 후다닥 올라간 뒤 가지에 앉아 오빠를 토닥이며 재우고는 했지요. 별이 빛나는 밤이면 밖에서 모닥불을 피우고 커다란 냄비에 팝콘을 튀겨 먹었던 기억도 나누었어요. 언젠가 함께 모험을 떠나러 가자고도 이야기했고요. 지프를 빌려서 전국을 여행하고 마지막으로 다시 우리가 살았던 농장으로 돌아가기로 했답니다.
　인도를 소개하는 이 책을 쓰는 내내 여행하는 기분이었어요. 덕분에 전에는 알지 못했던 인도를 많이 알 수 있어 즐거웠지요. 여러분과 함께 얼른 책 속으로 여행을 떠나고 싶네요.

니나 샤크라바티

저는 콜카타에서 태어났어요. 콜카타는 인도에서 가장 큰 도시 가운데 하나이지요. 엄마는 영국인이고 아빠는 벵골 출신이에요. 길거리에는 알록달록한 사리를 두른 여자들과 기름을 발라 깔끔하게 매만진 머리, 멋진 턱수염을 한 남자들로 복닥복닥했어요. 자동차, 전철, 버스가 빵빵대는 소리와 금방이라도 도시를 누빌 듯한 인력거들은 내 어린 시절을 수놓은 배경 음악이었답니다.
　저는 할머니와 가까이 지냈어요. 할머니의 이름은 아파나였지만, 저는 할머니를 '디다'라고 부르며 할머니의 머리를 땋고 풀면서 오후를 보내고는 했지요. 밥할 시간이면 저는 할머니가 지글지글 끓어오르는 냄비에 양념을 솜씨 좋게 넣는 모습을 바라보고는 했답니다. 몇 년 후 이사한 런던에서 왠지 고향 콜카타가 생각이 났어요. 아마 런던과 콜카타 모두 커다란 강의 가까이에 있는 대도시이고 수많은 언어가 오가는 곳이며 오래된 건물과 새 건물이 뒤섞인 곳이었기 때문 아니었을까요?

차례

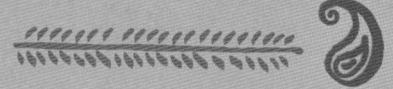

인도 지도 … 4

놀라운 나라 인도를 소개해요 … 6
여행을 떠나기 전 … 7
모험이 펼쳐지는 금요일 밤 … 8

갠지스강이 시작되는 곳 … 10
찬디가르 바위 정원 … 12
델리 … 14
야생 동물이 살아 숨 쉬는 곳 … 16
타지마할 … 18
빔베트카 동굴 그림 … 20
디왈리 축제 … 22
다양한 종교 축제 … 24
마주리섬 … 26
인도의 섬들 … 28
두근두근 기차 여행 … 30
콜카타의 예술과 예술가들 … 32
부바네스와르 향신료 시장 … 34

인도의 먹거리 … 36
사티시 다완 우주 센터 … 38
칼라크셰트라 무용 학교 … 40
배 위의 집 … 42
스포츠에 진심인 나라 … 44
벵갈루루 … 46
뭄바이 … 48
기르 국립 공원 … 50
인더스 문명 … 52
우다이푸르의 호수 궁전 … 54
황금 사원 … 56
눈을 사로잡는 화려한 공예 … 58
헤미스 국립 공원 … 60
공작의 마을 … 62

인도의 역사 … 66
Incredible 인도 100배 즐기기 … 70
찾아보기 … 102
더 알아보기 … 104

놀라운 나라 인도를 소개해요

인도는 다양한 풍경이 빽빽하게 들어찬 아주 넓은 나라예요. 스물여덟 개 주와 여덟 개의 연방 직령으로 이루어져 있어요. 거칠고 메마른 사막과 신성한 강이 있는가 하면, 사자와 호랑이 등 멸종 위기 동물들이 사는 숲도 있어요. 인도의 북쪽에는 눈 덮인 히말라야산맥이 2500킬로미터나 이어져 있지요. 수정처럼 파랗고 맑은 인도의 바다에는 자연 그대로인 멋진 섬들이 있어요.

    인도의 역사는 약 5000년도 넘어요. 이런 인도에서 세계적인 문명이 태어났어요. 인도에 가면 석상과 그림이 가득한 고대의 사원을 만날 수 있답니다. 아름다운 호수에서 역사 깊은 궁전도 볼 수 있지요. 뉴델리와 뭄바이, 콜카타처럼 최첨단 기술을 갖춘 빌딩이 즐비한 도시들도 있어요. 비싼 차를 타고 다니며 마음껏 돈을 쓰는 사람들이 있는가 하면, 돈이 없어 거리에서 살 수밖에 없는 사람들도 있답니다.

    인도는 강한 믿음과 신앙을 지닌 특별한 나라예요. 힌두교, 불교, 시크교, 자이나교 모두 인도에서 탄생했답니다. 또 이슬람교, 기독교, 조로아스터교, 바하이교, 유대교를 믿는 사람들도 살지요. 인도는 전 세계에서 힌두교도가 가장 많은 나라예요. 힌두교인이 무려 9억 명이 넘어요. 세계에서 가장 오래된 종교인 힌두교는 삶이 돌고 돌며 다시 태어난다고 믿어요. 사람이 죽어도 영혼은 사라지지 않으며 동물의 몸 속에서 계속 살아간다고 생각하지요. 힌두교도들에게 자연을 소중히 여기는 삶은 아주 중요해요. 어떤 생명체로 다시 태어날지 모르니까요.

    인도의 고대 문자는 산스크리트 문자예요. 산스크리트어가 쓰인 시대는 기원전 약 1700년에서 기원전 약 1200년까지 거슬러 올라가요. 학자들은 유럽어가 산스크리트어에서 왔다고 보고 있어요. 다음의 예시에서 산스크리트어와 유럽어가 얼마나 닮았는지 알 수 있어요.

마트르(산스크리트어), *마테르*(라틴어), *마더*(영어)

인도의 주요 신문과 텔레비전 방송은 모두가 알아들을 수 있도록 힌디어와 영어로 쓰여요. "안녕하세요"라는 말을 인도에서 쓰는 언어들로 이렇게 표현한답니다.

힌디어	펀자브어	타밀어	우르두어	영어
나마스테	삿 스리 아칼	바나캄	앗 살람 알라이쿰	하이 데어!

여행을 떠나기 전

여러분에게 호기심 많은 인도 소녀 타라를 소개할게요. 할머니는 사랑하는 손녀 타라에게 재미난 인도 이야기를 들려주신답니다. 할머니의 흥미진진한 이야기는 인도 곳곳에서 모은 소중한 물건들에서 시작해요. 예쁜 나무 상자에 보관해 둔 물건 하나하나에는 할머니가 찾아갔던 장소의 추억이 서려 있어요.

이제 여러분은 타라와 함께 인도 구석구석을 여행할 거예요. 한 번에 다 읽어도 좋고, 한 장소에 푹 빠져서 읽어도 좋아요. 페이지를 펼칠 때마다 할머니의 보물 상자를 여는 기분을 느낄 수 있을 거예요. 인도는 알면 알수록 놀라움이 가득한 나라이니 기대해도 좋아요.

모험이 펼쳐지는 금요일 밤

타라의 할머니 댁 꼭대기 층에는 타라가 하룻밤 자고 갈 때를 위해 준비한 아늑한 방이 있어요. 침대는 은은한 무늬로 수놓은 라자이 이불이 높다랗게 덮여 있어요. 그 위에는 할머니가 주황색 사리를 차양처럼 걸어 두었어요. 사리는 인도 여성들이 입는 기다란 전통 옷이에요. 방의 한쪽 구석에는 자단나무로 만든 낡은 상자가 있어요. 상자에는 코끼리와 호랑이가 아름답게 조각되어 있답니다.

할머니는 평생 인도에서 사시며 구석구석을 여행하셨어요. 여행할 때마다 갔던 곳을 떠올릴 만한 특별한 물건들을 모으셨답니다. 그렇게 모은 물건들이 모두 이 멋진 상자에 들어 있어요.

타라는 금요일이면 무척이나 신나요. 할머니 댁에서 자고 가는 날이거든요. 할머니는 계피를 뿌린 향긋한 차이 라테를 만들어 주세요. 홍차에 우유를 섞은 아주 맛있는 차이 라테를 한 모금 마신 타라는 할머니가 켜켜이 접어 놓은 춘니(인도 여성들이 두르는 긴 스카프) 속으로 파고들어요. 할머니는 귀여운 손녀를 보며 빙그레 웃으시고는 상자를 열어요. 상자에서는 나무에서만 맡을 수 있는 달콤한 향기가 나요.

할머니는 각각의 물건에 얽힌 재미있는 이야기를 들려주곤 해요. 어디에서 가져왔는지, 이 물건을 얼마나 좋아하는지, 왜 할머니에게 특별한지 말해 주신답니다.

타라는 금요일마다 두근거리는 마음을 안고 얼른 방으로 달려가요. 할머니와 나란히 앉아 손으로 상자에 아로새긴 무늬를 쓸어내리며 안에 있는 물건들을 머릿속에 떠올리지요. 앞으로 볼 모든 물건을요.

오늘 밤에는 할머니가 어떤 이야기를 들려주실까요?

우타라칸드주
갠지스강이 시작되는 곳

할머니는 상자에 손을 뻗어서 아름다운 그림이 가득한 책 한 권을 꺼냈어요.
"강고트리 사원에서 이 책을 보았지. 타라 네가 무척 좋아할 거라고 생각했단다."

표지에는 강가의 여신이 그려져 있어요. 여신은 새하얀 드레스를 입고 빨간 연꽃 화환을 목에 둘렀어요. 손목에는 흰 재스민 꽃으로 만든 팔찌를 찼지요. 흩날리는 여신의 검은 머리카락이 뒤에 있는 하얀 산과 아름답게 조화를 이루었어요.

여신은 갠지스강 그 자체예요. 갠지스강은 인도에서 가장 신성한 강이랍니다. 할머니가 말했어요.
"이리 오렴. 갠지스강 여신의 이야기를 들려주마……."

강가 이야기

아주 먼 옛날, 강가 여신은 하늘 정원에 물을 주었어요. 죽은 자들을 불에 사르고 남은 재를 씻겨 보내려면 여신의 손길이 필요했어요. 그래서 여신은 하늘에서 내려왔지요. 걷잡을 수 없을 만큼 강한 여신의 힘이 히말라야에서 폭포수를 세차게 흘려보냈어요. 물로 모든 것을 망가트리는 여신을 보다 못한 시바 신이 나섰어요. 무겁게 땋은 머리로 물의 앞을 가로막자, 여신은 시바 신의 머리에 잠겨 도도히 흘러갔어요. 여신의 물은 인도의 모든 곳에 흐르며 땅을 기름지게 해 주었답니다.

인도에서 가장 중요하고 신성하게 여기는 갠지스강. 갠지스강의 여행은 우타라칸드주의 북부에서 시작해요. 강물은 히말라야의 높은 지대 고무크에서 흘러나와요. 여기에서 강고트리 빙하도 만들어진답니다.

강고트리 사원

강고트리에는 새하얀 힌두교 사원이 있어요. 히말라야산맥의 약 3042미터 높이에 아늑하게 자리 잡고 있지요. 전설과 신화가 얽힌 신비한 이곳은 강가 여신이 처음 내려온 곳이라고 전해져요. 순례자들은 짙은 황색 천을 망토처럼 두르고 사원을 지나쳐요. 그리고 고무크에 다다르지요. 고무크는 힌두어로 '소의 입'이라는 뜻이에요. 이곳에는 숨을 쉴 때마다 입김이 나올 만큼 추운 얼음 동굴이 있어요. 이곳이 바로 신성한 강이 태어난 곳이자 바위 사이로 희부연 거품이 있는 물이 쏟아져 나오는 곳이랍니다.

찬디가르주

찬디가르
바위 정원

할머니는 타라에게 우편 봉투를 하나 건넸어요. 낡은 봉투를 받아서 안을 빼꼼 바라보았지만 아무것도 들어 있지 않아요.

"우표에 보이는 이 조각상들은 세상에서 가장 멋진 공원에 있단다."

우표에는 알록달록하고 밝은 옷을 입은 사람 모형이 셋 있었어요.

"장난감 같아요, 할머니."

"사람들이 버린 물건들로 만들어졌단다. 이런 조각상들이 이곳에 수천 개나 있어. 나무 사이에 흩어져 있는가 하면, 작은 언덕 위에 앉아 있기도 하고, 폭포 옆에 서 있기도 하지."

타라는 우표를 뚫어져라 바라보았어요. 조각상들이 있는 정원의 세계는 시간이 흘러도 항상 그대로예요.

숲의 비밀
넥 찬드는 1957년부터 아무도 모르는 숲에 바위 정원을 만들었어요. 정원은 넥만의 비밀이었지요. 20여 년이 지난 1976년에서야 사람들에게 이 바위 정원이 알려졌답니다.

만들어진 폭포
넥은 30미터 높이의 폭포를 만들었어요. 빗물을 재활용하여 커다란 폭포를 완성했지요. 항아리를 들고 있는 여인 조각상은 웅덩이에 서서 빗물을 받는 듯 보여요.

찬디가르는 인도의 북쪽 끄트머리로 가야 찾을 수 있어요. 이곳은 펀자브주와 하리아나주의 중심 도시이지요. 찬디가르는 힘의 여신인 '찬디'와 요새를 뜻하는 '가르'가 더해진 이름이에요.

넥 찬드

찬디가르의 가장자리에 자리한 깊은 숲속. '넥 찬드'라는 남자는 도시에서 버려진 잡동사니로 이곳에 조각 정원을 만들기로 마음먹었어요. 그는 예술가가 아니었지만 창의적인 일을 좋아했답니다. 도로 감독관이었던 그는 일이 끝나면 숲으로 갔어요. 그곳에서 마음 가는 대로 상상력을 펼쳤답니다. 그곳에서 그는 오랜 시간에 걸쳐 조각상을 하나씩 만들고 깨진 타일을 붙여 아름다운 작품을 만들었어요.

넥 찬드는 2015년에 90세로 세상을 떠났어요. 공원 입구에 있는 바위에 그의 삶과 상상력을 기리는 글이 새겨져 있답니다.

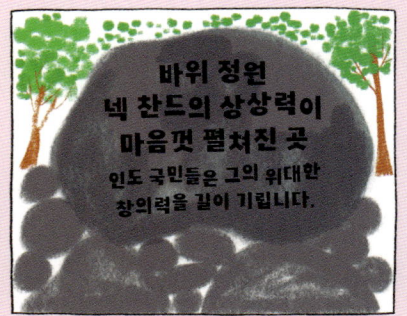

바위 정원
넥 찬드의 상상력이
마음껏 펼쳐진 곳
인도 국민들은 그의 위대한
창의력을 길이 기립니다.

델리주

델리

할머니는 작은 자동차 툭툭을 보여 주었어요.

"타라, 너도 델리를 좋아하게 될 게다. 이 도시 어디를 가나 뛰어다니는 원숭이들을 볼 수 있단다. 녀석들이 어찌나 장난꾸러기인지, 손에 아이스크림이 있으면 덥석 집으려 하지 뭐냐!"

"도시를 제대로 돌아다니려면 툭툭이 제일이야. 쌩쌩 달리는 자동차들 속에서 어슬렁거리는 소들을 조심해야 하지."

타라는 툭툭 모형을 꺼내 바닥에 미끄러지듯 굴렸어요.

"비켜나세요! 툭툭 나갑니다!"

할머니는 델리에서 보냈던 밤도 이야기해 주셨어요. 어두운 거리를 사람들과 어울려 다니며 레몬 셔벗을 홀짝이던 일, 야시장에서 물건을 사던 일, 작은 전구들이 밤거리를 환히 비추던 일 등을요.

"델리에는 없는 게 없어. 아름다운 옛 건물부터 최신 고층 빌딩, 길거리 음식도 어마어마하단다!"

살아 있는 제국의 흔적

올드델리 지역은 유명한 붉은 성(또는 붉은 요새)을 중심으로 발전했어요. 붉은 성을 지을 때 처형한 죄수들을 분수 아래에 묻었대요. 행운을 빌기 위해서 말이에요. 밤마다 방문객들은 이곳에서 뿜어져 나오는 조명을 볼 수 있어요. 혹시 유령이 된 죄수들도 이 멋진 조명을 구경하고 있는 것은 아닐까요?

별을 만나는 곳

별과 행성을 보고 싶다면 잔타르 만타르에 가세요. 이 천문 관측 기구는 1724년에 세워졌답니다.

델리는 원래부터 있던 오래된 올드델리와 건축가 에드윈 루티엔스가 1912년에 새로 지은 뉴델리 두 지역으로 이루어져 있어요. 뉴델리는 오늘날 인도의 수도예요.

제국의 영광

무굴 제국의 황제 샤자한은 올드델리에 붉은 성을 세웠어요. 올드델리의 원래 이름은 '샤자하나바드'랍니다.

쿠쉬티

쿠쉬티는 인도의 무술이에요. 델리에 쿠쉬티를 가르치는 학교가 있지요. 요가와 몸으로 맞붙어 하는 운동이 더해진 쿠쉬티는 훈련이 아주 고되답니다. 원숭이의 신 하누만이 쿠쉬티의 수호신이에요.

조화로운 도시

뉴델리는 새것과 옛것이 잘 어우러진 곳이에요. 상점과 미술관, 야외 수영장 옆에 사원이 있지요.

새들의 낙원

새들에게 중앙아시아의 비행길은 고속 도로와 같아요. 수많은 철새가 라자스탄주에 있는 케오라데오 국립 공원으로 겨울 태양을 즐기러 찾아오지요. 반짝이는 호수에서 분홍부리펠리컨과 깃털 끝이 장밋빛인 홍대머리황새를 볼 수 있어요. 흑따오기도 물속에 구부러진 부리를 넣고 아침으로 먹을 물고기를 찾아다닌답니다.

야생 동물이 살아 숨 쉬는 곳

인도가 야생 동물의 천국이라는 사실, 알고 있었나요? 깊숙한 티크 나무 숲과 초원의 은신처, 신성한 강 등 인도 어디에서나 야생 동물들의 보금자리를 찾을 수 있답니다. 달리는 자동차들 사이를 유유히 거니는 갈색 눈이 예쁜 소부터 코끼리, 호랑이, 원숭이, 표범, 사자까지 커다란 동물들도 볼 수 있어요.

  인도에는 국립 공원이 100개가 넘어요. 환경 보호 활동가들과 사육사들은 동물들을 지키려 노력하고 있어요. 동물들이 대부분 멸종 위기에 놓여 있기 때문이에요. 인도 최초로 문을 연 코벳 국립 공원에서 벵골호랑이가 자라고 있어요. 벵골호랑이의 주황색과 검정 줄무늬는 사람으로 치면 지문과 같대요. 같은 줄무늬가 있는 호랑이가 없다는 말이에요. 호랑이뿐만 아니라 마지막 남은 아시아사자들의 고향이 인도라는 사실을 아는 사람은 많지 않아요. 한때 사자들은 서쪽으로는 시리아에서, 동쪽으로는 인도의 비하르까지 아시아 전체를 돌아다니며 살았어요. 지금은 인도 구자라트주의 기르 숲만이 사자들의 마지막 보호 구역으로 정해져 있답니다.

야생 동물을 찾아라!

사트푸라 국립 공원의 진녹색 숲에는 표범, 느림보곰, 인도영양, 액시스사슴이 살아요. 액시스사슴의 갈색 등에는 눈송이가 덮인 듯 하얀 반점이 있답니다.

호랑이와 숨바꼭질하기

순다르반스 국립 공원의 맹그로브 늪에서 배를 탄다면 눈을 부릅뜨고 주변을 봐야 해요. 벵골호랑이가 어디에서 튀어나올지 모르거든요. 인도를 상징하는 동물 벵골호랑이는 갠지스 삼각주에서 흘러나오는 물에 몸을 담그고 더위를 식힌답니다.

보호해야 할 멸종 위기 동물

갠지스강돌고래가 카지랑가 국립 공원의 강물에서 미끄러지듯 헤엄치고 있어요. 땅에는 높이 자란 풀들이 바람에 하늘거리고 풀 속에 인도코뿔소가 몸을 감추고 있어요. 인도코뿔소는 멸종 직전까지 갔지만 지금은 다시 수가 늘고 있답니다.

우타르프라데시주

타지마할

할머니는 하얀 대리석으로 조각한 모형 타지마할을 들어 올렸어요. 할머니가 불을 붙인 촛불을 모형 안에 밀어 넣자 벽에서 반짝반짝 빛이 나요.

"궁전이에요?"

타라는 빨간 꽃들을 보려고 고개를 모형 쪽으로 가까이 내밀었어요. 둥그런 입구 주위에 꽃들이 가득 피어 있어요.

"진짜 궁전처럼 보이겠지만 아니란다. 타라, 이건 무덤이야."

작은 타지마할을 타라의 손 위에 놓은 할머니가 이야기를 조곤조곤 들려줬어요. 마치 환상 동화 같았답니다.

"먼 옛날, 황제가 '뭄타즈 마할'이라는 공주와 결혼했단다. 공주는 황후가 되어 황제와 행복하게 살았지. 그러던 어느 날, 황후가 세상을 떠나고 말았단다. 황후를 지극히 사랑한 황제는 누구나 그녀를 기억하기 바랐어. 그래서 인도에서 제일가는 예술가를 불러 모았단다. 그렇게 궁전 같은 무덤 타지마할이 지어졌지."

타지마할은 우타르프라데시주의 북동쪽에 있는 도시 아그라에 있어요. 무굴 제국이 다스리던 때 타지마할이 지어졌어요. 이 시대에 아름답고 화려하게 장식한 건물들을 인도 곳곳에 많이 세웠답니다.

완벽한 평화
장밋빛을 감싸안은 타지마할은 자무나강이 한눈에 보이는 높은 곳에 있어요. 동이 트면 물 위에서 날갯짓하는 검은목황새가 찰박거리며 새벽을 깨우지요.

타지마할의 정면은 '피에트라 두라'라고 하는 특별한 기법으로 꾸며져 있어요. '딱딱한 돌'이라는 뜻의 피에트라 두라는 대리석에 꽃 등의 모양을 판 뒤 예쁜 돌이나 보석을 박아 넣는 방법이에요. 구부러진 초록색 줄기와 점점이 박힌 강렬한 붉은 꽃들이 모두 값진 보석이랍니다.

아치 길
크고 둥그런 입구에는 코란 구절이 검은 대리석에 새겨져 있어요. 구절에는 낙원의 모습과 뭄타즈 마할의 영혼이 이곳에서 사람들을 환영한다는 뜻이 담겨 있대요.

놀랍도록 아름다운
타지마할은 아름다운 정원에 둘러싸여 있어요. 달콤한 향을 뿜는 붉은 장미가 정원을 아름답게 꾸며 줘요. 커다란 상록수가 늘어선 가운데 흐르는 긴 물길은 타지마할을 완벽하게 비추어요. 고요한 이곳에 뭄타즈 마할 황후와 샤자한 황제가 잠들어 있어요. 저녁이면 반짝이는 노을이 격자무늬 창문을 뚫고 들어와 무덤에 그림자를 드리운답니다.

라빈드라나트 타고르
타고르는 인도에서 유명한 시인 가운데 한 명이에요. 그는 타지마할을 '영원의 뺨에 흐르는 눈물'이라 불렀어요. 그리고 타지마할의 아름다움이 끝없이 이어지기를 바랐지요.

마디아프라데시주

빔베트카 동굴 그림

빔베트카 동굴은 마디아프라데시주에 있어요. 이 동굴에서 선사 시대에 그려진 그림들을 볼 수 있답니다. 이 그림들은 약 10000년 전에 그려졌다고 알려져 있어요.

할머니는 타라에게 스케치북을 건네주셨어요. 스케치북은 호주머니에 쏙 들어갈 만큼 작았지요.

"여기 막대기 같은 사람들은 다 뭐예요? 정말 신기하게 생겼어요."

타라는 스케치북을 펼치며 할머니께 물었어요. 할머니는 빔베트카 동굴에 있는 그림들을 똑같이 그린 것이라고 알려 주셨어요.

"석기 시대 사람들이 썼던 색을 스케치북에 똑같이 담으려 했지. 물감은 내 물감 세트에서 가져왔지만 말이다. 옛날 사람들은 노란 진흙 같은 것을 썼어."

타라는 동물 그림을 유심히 바라봤어요.

"저기 커다란 뿔이 달린 물소도 있네! 여기 곰도…… 갈비뼈가 똑똑히 보여요."

타라는 동굴을 둘러싼 티크 나무숲과 나무 그림자가 어른거리는 동굴 속의 자기 모습을 떠올렸어요. 상상 속에서 쿵쾅쿵쾅 소리가 점점 커져요. 커다란 무언가가 엄청난 발굽 소리를 내고 먼지를 휘날리며 달려와요. 빠르게 다가오는 그 무시무시한 소리에 타라는 화들짝 눈을 떴어요.

"휴, 석기 시대에 살지 않아 참 다행이야!"

옛날 옛적 예술

이곳에는 붉은 사암으로 만들어진 동굴이 750개가 넘어요. 500여 개의 동굴에는 위와 같은 그림이 그려져 있어요. 어떤가요, 마치 석기 시대의 미술관 같지 않나요? 그림의 종류도 가지각색이에요. 이 그림들에서 당시 사람들이 어떤 동물을 먹고 살았는지 알 수 있답니다.

세상 속으로

동굴은 1957년까지 세상에 알려지지 않았어요. 시간이 흘러 인도의 고고학자 비슈누 와칸카르 박사는 이곳 지형이 심상치 않다는 사실을 알아챘어요. 그렇게 발굴이 이루어지면서 세상에 알려졌답니다.

동물원 바위

어떤 동굴은 '동물원 바위'라고 불려요. 사슴과 닭, 물소 같은 동물 그림이 수백 점이나 있거든요. 그림의 왼쪽 위에 코끼리를 탄 사람도 있어요. 동물들 사이를 지나가려는 모습이에요. 이 '코끼리 조련사'를 보면 옛날에도 교통 혼잡이 있었구나, 가늠해 볼 수 있어요.

동물 이웃들

빔베트카 동굴 바깥의 숲속에는 회색랑구르원숭이와 밝은녹색도마뱀이 바위 위를 어슬렁거리며 하루를 보내요.

시킴주

디왈리 축제

할머니는 예쁜 등잔을 하나 보여 주셨어요. 찰흙으로 만든 등잔은 밝은 녹색으로 칠해져 있었어요. 테두리에는 반짝이는 작은 조각들이 붙어 있었어요.

"히말라야에 있는 '육솜'이라는 마을에 있을 때 어떤 가족의 집에 머물렀단다. 그 가족과 함께 디왈리 축제를 보내며 받은 거란다. 밤에 달도 뜨지 않았고 10월이었는데도 깊은 산속이라 조금 춥더구나."

"그럼, 등잔에 불을 붙였어요?"

"맞아. 밖에 나가 길목마다 불을 붙이고 차이를 마시며 은박으로 싼 바르피를 먹었지."

"나도 바르피 먹고 싶은데!"

타라는 이불 속에서 폴짝폴짝 뛰었어요.

"등잔에 불을 붙여도 돼요?"

반짝이는 등불을 창틀에 놓은 할머니는 타라의 옆에 와서 꼭 안아 주셨어요. 간질거리는 느낌이 곧 어떤 이야기를 들려주시려나 봐요.

디왈리 이름은 어디에서 왔을까?
산스크리트어 디파발리에서 '디왈리'라는 이름이 나왔어요. '한 줄로 늘어선 빛'이라는 뜻이에요.

달콤한 간식
디왈리 축제에는 가족이 함께 모여 시간을 보내요. 느긋하게 파티를 즐기며 음식도 배불리 먹지요. 공기처럼 가볍고 얇디얇은 페이스트리 치로티와 코코넛 가루와 설탕, 생강과 씨앗을 말린 향신료 카다멈, 양귀비의 씨앗, 땅콩 등을 넣은 카란지는 특별한 간식이랍니다.

아름다운 랑골리 무늬는 디왈리 축제 동안 어디에서나 볼 수 있어요. 물들인 밀가루와 쌀, 꽃잎으로 어떤 무늬든 만들 수 있답니다.

디왈리 이야기
– 라마와 시타

라마 왕자는 위대한 왕의 아들이었어요. 나쁜 계모는 라마 왕자가 아닌 자신이 낳은 아들이 다음 왕이 되기 바랐어요. 그리고 라마의 아버지를 꼬드겨 라마와 며느리 시타를 왕국에서 쫓아냈어요. 쫓겨난 라마와 시타는 보금자리로 자리 잡은 숲이 악귀로 가득한 곳임을 뒤늦게 깨달았지만 이미 늦고 말았답니다. 어느 날, 머리가 열 달린 악귀의 왕 라바나가 시타를 납치했어요. 라마와 그의 동생 락시마나는 원숭이의 신 하누만의 도움을 받아 치열한 싸움 끝에 시타를 구했어요. 그런데 시타가 잡힌 곳을 어떻게 알았냐고요? 끌려가던 시타가 영리하게 보석을 길에 떨어트려 흔적을 남긴 덕분이었어요. 라마와 락시마나, 시타는 달이 뜨지 않는 밤, 왕국 사람들이 길에 켜 놓은 등잔불에 의지하며 무사히 돌아왔어요. 이 이야기에서 선이 악을 이긴다는 교훈을 잘 알 수 있답니다.

인도에서 디왈리 축제는 힌두교와 시크교, 자이나교를 믿는 이들 모두가 기념해요. 10월 또는 11월 즈음에 열리지요. 음력으로 열리기 때문에 정확한 축제일은 그때그때 달라진답니다.

아름다운 생명체
축제 때는 동물들도 예쁘게 꾸며요. 몸에 그림을 그리고 주황색 금잔화로 만든 화환을 올리지요.

마하비라의 탄생

마하비라는 자이나교를 세운 사람 가운데 한 명이에요. 자이나교에서는 3월 말 또는 4월 초에 마하비라의 탄생을 기려요. 우유와 같은 제물을 붓고 꽃으로 꾸민 마하비라 조각상을 거리로 실어 날라요.

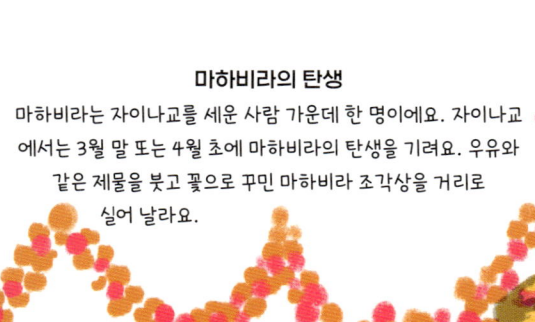

다양한 종교 축제

인도는 종교의 오랜 역사를 자랑하는 나라예요. 인도인들은 힌두교, 이슬람교, 시크교, 불교, 자이나교 등 여러 종교를 믿지요. 종교들에는 모두 저마다 얽힌 이야기들이 있어요. 힌두교의 수많은 신, 이슬람교의 성서 『코란』, 불교의 부처님 말씀, 시크교의 지도자들, 자이나교의 스승인 마하비라의 이야기가 전해진답니다.

종교마다 특별한 축제도 있어요. 한 나라에 여러 종교가 있다 보니 1년 내내 축제가 열린다는 말씀! 이때는 음식과 음악으로 즐거운 시간을 보내요. 또 가족과 친구들이 모여 서로 감사 인사를 주고받는답니다.

축제 때는 성지를 순례하기도 해요. 많은 사람이 먼 거리로 여행을 떠난답니다. 강에서 목욕하거나 종교 의식을 치르는 사람들과 함께하기도 해요. 신성한 갠지스강은 힌두교와 시크교를 믿는 사람들이 찾아와 예배를 드리는 곳이에요. 사람들은 축제가 열리는 동안 여신처럼 거룩하게 여기는 강에 몸을 담그면 이듬해에 행운이 찾아올 것이라고 믿고 있어요.

로사

불교 신자들은 새해를 기념하는 로사 축제를 열어요. 로사 축제 때는 모두 옷을 멋지게 차려입어서 눈이 즐거워요. 사람들은 알록달록한 가면을 쓰고 길거리에서 춤을 추며 축제를 즐겨요.

푸쉬카르 낙타 축제

이 축제는 금빛 모래가 반짝이는 라자스탄 사막에서 7일 동안 열려요. 축제 기간에는 보름달이 뜨는 밤 '카르틱 푸르니마'를 기념해요. 알록달록한 술과 보석, 방울로 꾸민 낙타들이 화려한 천막 사이를 행진하지요. 밝은 보름달이 뜨면 순례자들은 푸쉬카르 호수에 몸을 담가요. 손바닥을 한데 모으고 축복을 내려 주기를 신께 기도한답니다.

홀리

홀리는 힌두교도들이 즐기는 색깔 축제예요. 축제에 참가할 때 조금 조심해야 해요. 꽤 지저분해지거든요! 홀리 축제는 자연의 온갖 색깔이 돌아오는 계절 봄에 열려요. 무지갯빛 가루를 한주먹 집어 엄마와 아빠, 선생님까지 좋아하는 이들 누구에게나 던져요. 악의 여신 홀리카를 이긴 비슈누 신을 기리며 모닥불을 피우기도 해요.

쿰브 멜라

힌두교에서 가장 큰 축제 가운데 하나는 알라하바드에서 열리는 쿰브 멜라예요. 시바 신을 모시는 사람들은 도티를 입고 금빛 금잔화로 꾸민 화관을 써요. 그리고 세 개의 신성한 강이 흐르는 상암에 몸을 담그기 위해 모여요. 2019년에 쿰브 멜라에는 몇 명이 모였는지 아나요? 무려 2억 2000명이었답니다. 얼마나 많이 모였는지 하늘에서도 보일 정도였어요.

구르푸랍

구르푸랍은 시크교도에게 중요한 축제예요. 시크교를 세운 나나크가 태어난 날을 기리는 축제이지요. 대개 북부 지방에서 열려요. 11월 어두운 밤이면 폭죽 소리와 반짝이는 불빛으로 시끌시끌해져요. 사람들은 맛있는 카라 프라사드를 한 움큼씩 나누어 먹어요. 카다 프라사드는 시크교 사제가 축복한 달콤한 음식 제물이에요. 모두 함께 기도한 뒤 행복하게 나눠 먹는답니다.

이드 알 피트르

이드 알 피트르는 라마단 금식이 끝났음을 알리는 이슬람교의 축제예요. 인도 곳곳에서는 무슬림들이 모스크에 모여 기도회를 열고 자선 단체에 기부해요. 친구와 가족을 만나 음식과 선물도 나눠요.

아삼주

마주리섬

할머니는 타라에게 콩꼬투리를 하나 건넸어요. 짙은 갈색인데 흔들어 보니 달가닥달가닥 알맹이가 흔들리는 소리가 나요.

"아름다운 마주리섬에서 가져온 거란다. 안에 씨앗이 보이니?"

할머니는 나무를 사랑한 '자다브 파양'이라는 사람의 이야기를 들려주셨어요. 그는 자그마한 씨앗으로 혼자서 숲을 새로 만들었다고 해요.

"우리가 심은 씨앗은 자귀나무로 자라지. 솜털 같은 잎사귀가 열리고 피어난 분홍빛 꽃이 솜사탕 같단다."

할머니의 얼굴이 평화로워 보여요.

"마주리섬에서는 새가 물을 헤치며 참방대는 소리를 들을 수 있지. 섬은 야생 동물의 천국이기도 해. 동물들이 바스락거리고 돌아다니는 소리를 들으며 자다브가 심은 나무 사이를 걸어가노라면 사파리에 온 기분이란다."

"저도 가 보고 싶어요."

타라는 콩꼬투리를 다시 흔들면서 말했어요.

"내일 일어나자마자 씨앗부터 심어도 돼요?"

인도의 동쪽 아삼주에 마주리섬이 있어요. 이 섬은 강물이 흐르며 쌓인 흙으로 생겼지요. 마주리섬은 세계에서 가장 크답니다. 이곳에 약 15만 명이 살아요. 웅장하게 흐르는 브라마푸트라강의 주위를 바람결에 따라 출렁이는 두꺼운 갈대들이 장식해요.

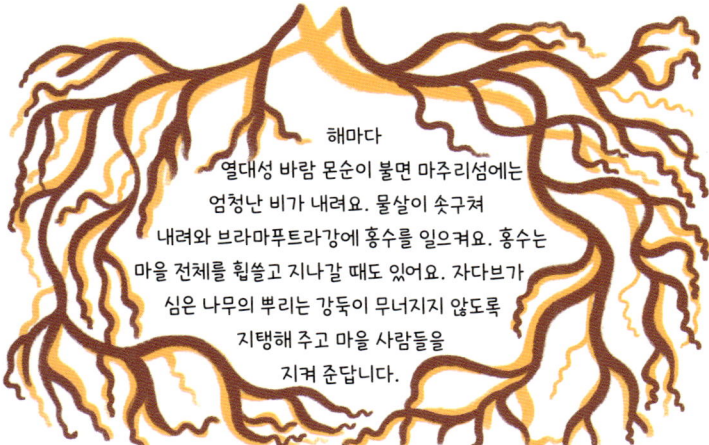

해마다 열대성 바람 몬순이 불면 마주리섬에는 엄청난 비가 내려요. 물살이 솟구쳐 내려와 브라마푸트라강에 홍수를 일으켜요. 홍수는 마을 전체를 휩쓸고 지나갈 때도 있어요. 자다브가 심은 나무의 뿌리는 강둑이 무너지지 않도록 지탱해 주고 마을 사람들을 지켜 준답니다.

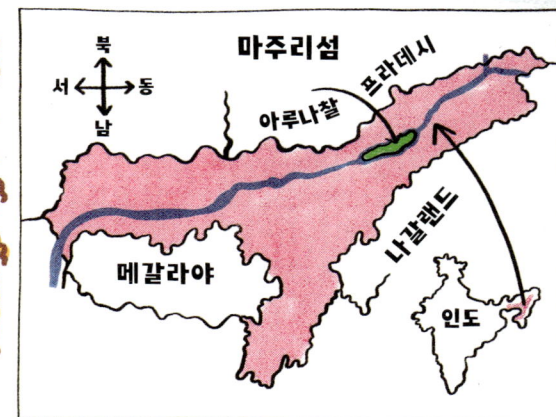

숲을 만든 사람

열여섯 살이었던 자다브 물라이 파양은 강둑에 죽어 있는 수백 마리 뱀을 보았어요. 강한 햇빛을 피하지 못한 탓에 산 채로 뱀 구이가 되어 버린 거예요. 자다브는 열심히 그리고 꾸준히 나무를 심었어요. 우선 모래에서 자랄 수 있는 대나무부터 심은 다음 자귀나무를 심었어요. 자귀나무의 열매는 강물을 타고 멀리 퍼져 나갈 수 있었거든요. 40년 후, 그는 아름다운 숲을 만들어 냈어요. 자다브의 업적을 기리며 숲의 이름을 '물라이 숲'이라고 지었답니다.

숲에서 태어난 아기들

물라이 숲은 코뿔소와 멧돼지 등의 야생 동물이 찾는 보금자리가 되었어요. 그리고 귀여움 주의! 2012년에 처음으로 새끼 호랑이가 이곳에서 태어났어요.

길쭉길쭉 두루미

두루미 떼는 물속에서 휘적휘적 걷기를 좋아해요. 두루미는 다리가 길고 깃털 끝이 검으며, 얼굴은 붉어요. 그들이 내는 트럼펫 소리는 너무 시끄러워서 깜짝 놀랄 정도예요. 두루미는 새 종류에서 제법 큽니다!

안다만 니코바르 제도

인도의 섬들

안다만 니코바르 제도는 벵골 만의 새파란 바닷물 위에 에메랄드 목걸이처럼 점점이 흩어져 있어요.

타라는 할머니가 상자에서 꺼내시는 코코넛을 보고 깜짝 놀랐어요.

"쪼개서 열어 봐도 돼요?"

손바닥으로 북슬북슬한 코코넛을 쓸어내린 타라는 껍질 속의 하얗고 맛있는 알맹이를 머릿속에 그렸어요. 할머니가 인자한 미소를 지었어요.

"이 코코넛이 어디에서 왔는지 듣고 싶지 않니?"

타라가 고개를 끄덕이자 할머니가 말을 이었어요.

"키가 큰 야자나무가 열리는 섬들을 머릿속에 떠올려 보렴. 백사장이 펼쳐지는 곳 말이다."

눈을 감은 타라는 할머니의 말대로 야자나무가 있는 섬을 그렸어요. 그리고 조용히 귀를 기울였어요. 넓은 바닷가와 그곳에서 여유롭게 헤엄치는 돌고래, 거북, 밝은 빛깔 산호들. 이렇게 멋진 풍경이 하나씩 떠올랐어요.

무엇보다도 좋은 것은 할머니가 보았다는 아기 거북이에요. 아기 거북은 별이 반짝이는 밤에 어두운 바다로 기어 가고 있었지요.

이곳에 사는 사람들

안다만 니코바르 제도에는 안다만족, 옹게족, 자라와족, 센티넬족 등의 부족이 살아요.

거북

바다소

흰배바다수리

이글이글 바다 수리
나무가 빼곡한 절벽 위에 커다란 흰배바다수리가 앉아 있어요. 초록빛 바다 아래에 물고기와 거북, 바다뱀이 없는지 이글이글 매서운 눈으로 살펴보고 있지요.

수많은 섬
안다만 니코바르 제도는 약 600개의 작은 섬들로 이루어져 있어요. 그중에 서른여덟 개의 섬에만 사람이 살아요. 섬들은 아라칸산맥의 꼭대기가 물 위로 솟아 있는 모양이랍니다. 제도는 지진이 많이 일어나는 곳으로 알려져 있어요. 때때로 쓰나미를 일으켜 끔찍한 피해를 몰고 오기도 해요.

벵골만 · 안다만 제도 · 인도양 · 니코바르 제도

바다뱀

깃대돔

온순한 거대 동물
귀여운 바다소(듀공)는 섬이 정한 국가 동물이에요. 바닷가에서 자라는 해초를 먹고 살아요.

서벵골주

두근두근 기차 여행

할머니는 상자에서 기차표를 꺼내셨어요. 표에는 작은 글씨가 잔뜩 쓰여 있네요. 맨 위에는 '행복한 여행 하세요'라고 쓰여 있고 가운데에는 바퀴 모양 기호가 있어요. 할머니는 기차표의 끄트머리를 타라에게 보여 주었어요.

"북쪽으로 가는 기차였어. 이 작은 기차표를 보니 과거를 여행하는 듯하구나. 이 기차는 아주 오랫동안 승객들을 태우고 히말라야를 오갔단다."

"기차 여행은 어땠어요?"

"승무원들이 시동을 걸 준비를 하고 낡은 계기판을 열심히 닦던 모습이 생각나는구나. 증기가 뿜어져 나오던 기차도 말이다."

할머니가 엷게 미소를 지었어요.

"승무원들은 따끈한 차를 마셔 보라고 했지. 그리고 기차가 산으로 출발했단다. 너도 기차 소리를 듣는다면 무척 좋아할 게야. 추-추-."

"추-추-추!"

타라는 그 소리를 따라 기차 소리를 냈어요. 할머니와 기차 소리로 멋진 화음을 냈지요.

기차는 인도 이곳저곳을 다니며 도시와 산골짜기, 시골을 한데 이어 줘요. '히말라야의 여왕'이라 일컫는 도시 다르질링은 칸첸중가 산맥의 기슭에 있답니다.

기차 안의 세계

인도에서는 기차를 타면 어디에든 갈 수 있어요. 사람들은 대부분 3등석 칸에 타요. 꾸역꾸역 들어가서 기차 칸이 빽빽할 정도이지요. 돈이 많은 사람들은 에어컨이 나오고 식사를 좌석까지 가져다주는 1등석에 탈 수 있답니다.

차를 사랑하는 나라

인도는 차를 즐겨 마셔요. 차나무가 인도 어디에서나 자라고 히말라야 언덕배기에서 오랫동안 차를 기른 역사가 있거든요. 찻잎을 말려서 맛 좋은 차를 만드는 인도는 세계에서 차를 가장 많이 생산하는 나라랍니다.

다르질링 히말라야 철도

금색과 붉은색으로 꾸며진 기차 안은 창밖 풍경만큼이나 아름답고 화려해요.

여행을 가다 보면 어느새 기차 옆에 있는 도로 위로 자동차들이 쌩쌩 지나갈 때도 있어요. 심지어 도시 쿠르성에서는 기찻길이 시장을 뚫고 지나가기도 해요. 다양한 물건이 즐비한 노점에서는 언제든지 손을 뻗어 물건을 살 수도 있답니다.

이 작은 기차는 공중에서 균형을 잡고 가파른 언덕길을 올라가기도 해요. 기차가 안전하게 모서리를 돌 때까지 승객들은 숨을 참아요. 울퉁불퉁하게 굽은 길 중에는 '애고니 루프(고통의 고리)'라고 불리는 곳도 있어요.

서벵골주

콜카타의 예술과 예술가들

할머니는 엽서를 주르륵 늘어놓았어요. 그중 하나가 부처님 동상이 그려진 엽서예요.

"콜카타에 갔을 때 가장 마음이 두근댔던 곳이 인도 박물관이었단다. 그곳에는 부처님을 그린 그림과 아름다운 불상이 수도 없이 많았지. 난 이게 가장 마음에 들어. 관람을 마치면 정원에 앉아, 웅덩이에 고인 물을 마시는 새들을 보면서 박물관 작품들을 떠올리곤 했단다."

할머니는 뛰어난 예술가들이 인도에 아주 많다고 하셨어요. 벵골 예술 학파를 만든 화가 단체는 세계에서 아주 유명하답니다. 그 벵골 학파는 콜카타에서 시작되었어요. 할머니는 다른 엽서도 보여 주었어요.

"아바닌드라나트 타고르가 그린 그림이란다."

"부처님을 그린 거지요?"

"맞아, 영리한 녀석 같으니. '부처님과 수자타'라고 부르지."

"그림의 색깔이 마음에 들어요, 할머니. 너무나 평화로워 보이는데요?"

"타라, 콜카타는 활기찬 도시야. 즐길 수 있는 것들이 넘쳐나지. 최신 극장에 가거나 고급 쇼핑몰도 들를 수 있어. 그리고 꽃 시장은 정말 황홀하단다. 사원에 가지고 갈 꽃으로 재스민을 골랐을 때 내 몸을 타고 흐르던 꽃향기가 아직도 기억나는구나."

숨을 깊게 들이마신 타라는 콧속으로 들어오는 향기를 상상했어요.

1772년 콜카타는 영국이 다스리던 인도의 수도였어요. 그 당시에는 '캘커타'로 불렸대요. 콜카타는 수타누티, 칼리카타, 고빈다푸르 이 세 마을이 더해져 점점 커졌어요. 세 마을 모두 섬유업으로 유명해요. 콜카타는 벵골만으로 흐르는 후글리강 옆에 있어요.

북적북적 다리

1943년에 만들어진 하우라 다리는 넓은 후글리강 위에 걸쳐 있어요. 날마다 자동차들만 10000대, 사람들은 약 15만 명이 다리를 건너요. 세계에서 가장 큰 외팔보(한쪽만 받치고 다른 쪽은 받치지 않은 다리) 다리라 할 수 있어요. 밤이면 조명이 켜지며 다리의 강철 망이 신비롭게 반짝인답니다.

초록빛 공간

마이단은 도시 중심을 가로지르는 풀과 나무가 우거진 곳이에요. 사람들은 이곳에서 친구들과 만나서 놀거나 가족과 저녁 산책을 즐겨요. 이곳은 축구를 즐기기에도 좋아요.

스포츠의 도시

1862년에 세워진 세계에서 가장 오래된 폴로 클럽

스포츠를 즐기기에 콜카타만큼 좋은 도시가 없어요. 에덴 가든 공원에는 인도에서 두 번째로 큰 크리켓 경기장이 있어요. 또 오래된 폴로 클럽 '캘커타 클럽'도 있으니 조랑말에게 줄 각설탕도 준비해 보세요.

A에서 B까지

사람들은 노란 전차를 타고 다니거나 앰배서더(인도에서 만드는 자동차 이름) 택시에 훌쩍 올라타요.

유명 예술가들

벵골 예술 학파는 1900년대 초반에 콜카타에서 생겼어요. 이 학파에는 아바닌드라나트 타고르와 가가넨드라나트 타고르, 난달랄 보스와 자미니 로이 등 유명 예술가들이 많이 있어요. 앞서 말한 두 타고르는 노벨상을 받은 시인 라빈드라나트 타고르의 조카랍니다. 인도인들의 삶에서 예술은 아주 중요해요. 지금도 레카 로드위티야와 라티카 카트처럼 많은 현대 예술가들이 활약하고 있답니다.

아바닌드라나트와 가가넨드라나트 타고르

자미니 로이

오디샤주

부바네스와르 향신료 시장

할머니는 나무로 만든 향신료 상자를 꺼냈어요. 꽃이 새겨진 상자의 뚜껑을 옆으로 돌리자 향긋한 향신료가 가득 들어 있는 칸 여섯 개가 나왔어요. 할머니가 상자를 들어 올리자 향기가 폴폴 풍겨 나와요.

"부바네스와르에 있는 시장에서 사 왔단다. 어떤 가족들은 이런 향신료 상자를 대대로 물려주지. 이 상자도 부엌에서 오랫동안 썼단다."

어떤 칸에는 별 모양 향신료가 들어 있었어요. 타라는 향신료를 들어 코에 대어 보았어요.

"그건 '스타아니스'라고 한단다."

할머니는 칸을 하나씩 가리키며 카다멈, 노란 강황, 흑후추, 정향, 쿠민 같은 향신료들을 보여 줬어요.

"이걸로 어떤 음식을 만들어요?"

"부바네스와르풍 굽첩(인도의 길거리 음식)은 어떨까?"

할머니가 들려준 이야기를 듣고 나니 벌써 향신료 시장 냄새가 나는 것 같아요. 향신료를 넣어 만든 요리를 얼른 먹고 싶어서 참을 수 없어요.

카다멈

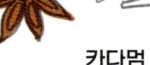

밝은 녹색 보석과도 같은 카다멈은 식물에서 얻을 수 있는 향신료예요. 카다멈을 말려서 차이를 만들어 마시거나 쌀로 만든 푸딩인 키르에 달콤함을 더할 수도 있답니다. 맛 좋은 음식에 넣는 양념 마살라의 하나로 사용되기도 해요.

사원의 도시

부바네스와르 곳곳에는 사원들이 많아요. 부바네스와르와 닿아 있는 벵골만으로 흘러 나가는 마하나디강에 가면 사원들을 볼 수 있답니다. 이곳은 덥고 습한 도시이기도 해요. 길거리에는 야자수가 늘어서 있고 강은 야생 동물들의 보금자리가 되어 주지요. 이곳에 악어와 희귀한 돌고래, 수천 마리 새가 모여 산답니다.

xx ♡ xx
Nanijee

to Thara
Elm Bank
Nottingham
UNITED KINGDOM

부바네스와르는 향신료가 많이 나기로 유명한 곳이에요. 지역마다 향신료를 독특하게 이용하여 다채로운 요리를 만든답니다.

부바네스와르의 음식

부바네스와르는 맛있으면서도 개성 넘치는 요리들로도 유명해요. 튀긴 호박꽃, 감자를 곁들인 콩 요리, 바나나와 비슷한 플랜테인, 다섯 가지 향료를 넣고 가지를 튀겨 코코넛 가루를 얹은 요리 등 듣기만 해도 군침이 돌지 않나요? 커다란 바나나 잎 위에 요리를 올려서 대접하기도 해요. 달콤한 음식을 좋아한다면 체나 포다에 푹 빠질 거예요. '태운 치즈'라는 뜻의 체나 포다는 설탕과 캐슈너트, 건포도를 넣어서 만들어요.

도시락 왔어요!
엄마나 아빠가 여러분이 좋아하는 점심밥을 학교에 가져다준다고 상상해 보세요. 뭄바이에서는 수많은 '다바왈라'가 자전거를 타고 도시를 누벼요. 이들은 집에서 만든 점심밥 '티핀 틴'을 받아 배고픈 직장인들에게 배달해 준답니다.

인도의 먹거리

맛난 음식을 생각하면 침이 고여요. 음식은 '인생의 양념'이라 해도 지나친 말이 아니에요. 인도에서는 신을 대하듯 음식에 진심을 다한답니다. 우유와 과일, 견과류를 그릇에 담아서 사원에 놓고 신께 감사하며 축복을 빌어요. 시크교도의 예배당에 간 누구나 맛있는 랑가르 음식을 공짜로 즐길 수 있답니다. 사람들과 음식을 나누는 일은 종교에서 해 오던 일이었어요.

집에서 먹는 음식 외에도 인도에서는 배고플 때마다 언제 어디에서나 먹거리를 맛볼 수 있어요. 지역의 신선한 재료로 만든 특산 음식도 아주 다양해요. 남부에서는 바닷가의 야자나무에서 자란 꾸덕꾸덕한 코코넛을 넣은 요리를 먹어요. 북부에서는 토마토로 맛을 낸 음식을 탄두르에 구운 로티나 난과 곁들여 먹지요.

인도 국민의 3분의 1은 채식주의자로 알려져 있어요. 약 5억 명이지요. 힌두교에서는 소를 신성하게 여겨서 죽이지 못하게 하기 때문이랍니다. 덕분에 인도에서는 상상을 뛰어넘는 맛난 채소 음식을 먹을 수 있어요.

벌써 향신료가 들어간 요리 냄새가 나는 것 같아요. 얼른 먹고 싶어서 참을 수 없어요.

길거리 음식
인도에는 길거리 음식이 어마어마하게 많아요. 그저 길을 걸어가며 코로 들어오는 냄새를 따라가기만 하면 된답니다. 파코라 반죽을 한 국자 떠서 뜨거운 기름이 있는 커다란 냄비에서 타닥타닥 튀는 불꽃과 함께 튀겨요. 금빛으로 바뀐 반죽을 건져 새콤달콤한 처트니 소스를 찍어 먹으면 그렇게 맛있을 수 없지요.

달콤한 간식

달콤한 간식을 파는 상점들에는 저마다 최고의 맛을 내는 비법이 있어요. 우유를 굳힌 바르피는 은박을 감싸서 만들어요. 노랗게 반짝이는 동그란 과자 라두는 무척 달아요. 병아리콩 가루를 넣어서 만든답니다.

따끈따끈한 먹거리

아루나찰프라데시주의 산악 지역에서는 중국과 인도의 영향을 받은 음식이 많아요. 맛있는 찐만두 피시 모모, 소와 비슷한 동물 야크에게서 짠 걸쭉한 우유가 맛있어요. 대나무 통에 지은 밥도 빼놓을 수 없답니다.

안드라프라데시주

사티시 다완 우주 센터

할머니는 타라에게 눈을 감아 보라고 하셨어요. 잠시 후 눈을 뜨니 손바닥 위에 우주선 모형이 놓여 있어요. 우주선 모형의 옆에는 검은 글씨로 '찬드라얀 2호'라고 쓰여 있고요.

"찬드라얀은 '달 탐사선'이라는 뜻이야. 우주를 탐험할 수 있도록 인도의 최고 기술로 만든 우주선 이름이지."

할머니는 우주선 모형을 사티시 다완 우주 센터에서 샀다고 하셨어요.

"이 모형보다 큰 우주선은 벌써 발사되었단다. 달을 탐험할 탐험선을 싣고 말이야."

창문으로 간 할머니가 커튼을 젖혔어요. 밤하늘에 뜬 달은 방에 빛줄기를 길게 드리울 만큼 아주아주 밝았어요. 달이 드리운 그림자는 방 건너까지 쭉 뻗어 나갔답니다.

"찬드라얀 2호를 실제로 보지 못해도 실망하지 마렴. 지금 이 순간에도 저 위에 있으니 말이다."

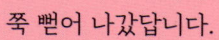

천문학에 푹 빠진 왕자

마하라자 자이 싱 2세는 1724~1738년 사이에 천문대를 다섯 개나 지었어요. 가장 큰 천문대가 자이푸르에 있어요. 이곳의 석조 해시계는 세계에서 가장 큰 크기를 자랑한답니다. 2초 안까지 시각을 알려 주는 해시계지만 손목에 차고 싶지는 않을 거예요.

인도 우주 연구소(ISRO)

인도 우주 연구소는 1962년에 자와할랄 네루 총리가 세웠어요. 우주 연구소의 건물 하나는 마치 비행접시처럼 신기하게 생겼답니다.

사티시 다완 우주 센터는 안드라프라데시주의 동남쪽, 스리하리코타 섬에 있어요.

센터에서 활약하는 멋진 여성들

찬드라얀 2호를 책임지고 있는 리투 카리달과 무타야 바니타는 어릴 때부터 우주에 푹 빠져 살았어요. 둘 모두 과학자가 되겠다는 꿈을 이루고 센터에서 활동하고 있답니다.

힌디어로 카운트다운 익히기

10 - १० - 다스
9 - ९ - 노우
8 - ८ - 아트
7 - ७ - 싸트
6 - ६ - 체흐
5 - ५ - 판쯔
4 - ४ - 차르
3 - ३ - 틴
2 - २ - 도
1 - १ - 에끄

달로 가는 우주선
GSLV MK III 발사체는 찬드라얀 2호가 따라 돌 수 있는 궤도선을 쏘아 올렸어요. 찬드라얀 2호는 7년 동안 달 주위를 돌면서 많은 정보를 모을 거예요.

기록을 세우는 ISRO
2017년에 ISRO는 로켓 하나로 위성을 104개나 쏘아 올렸어요. 이는 당시에 세계적인 기록이었지요. 2019년에는 달에 가서 중요한 정보를 모으고 사진을 찍기 위해 찬드라얀 2호 탐사선을 쏘아 올렸어요. 탐사선은 우주 비행사들과 과학자들이 우주에 있는 이웃들을 더 자세히 알 수 있도록 많은 도움을 줄 거예요.

인도에 승리를! 인도 만세! (자이 힌드)

타밀나두주

칼라크셰트라 무용 학교

찰그랑! 찰그랑!

할머니가 발목에 차는 발찌 한 쌍을 흔들고 있어요. 노란색 발찌에 방울 세 개가 나란히 꿰어 있었어요. 할머니는 잘 맞기를 바라면서 타라의 발목에 발찌를 채워 주셨어요.

"이것들은 '그웅루오'라고 부른단다. 첸나이에 있는 무용 학교에서 얻었지."

타라는 면을 단단히 묶고 방의 나무 바닥을 발로 쿵쿵거리며 걸어 보았어요. 그런 다음 무용가들처럼 폴짝폴짝 뛰어 보기도 했어요.

"너무 마음에 들어요!"

타라는 까르르 웃음을 터뜨렸어요. 그웅루오에서 나는 방울 소리가 짤랑짤랑 방을 가득 메웠답니다.

바닷가의 황금빛 도시
첸나이 해변의 아름다운 금빛 모래는 도시의 가장자리를 따라 쭉 뻗어 있어요.

고전 무용은 오랜 역사를 자랑할 뿐만 아니라 인도에서 가장 중요한 예술이에요. 춤에는 전통 음악이 함께하지요. 고전 무용 학교는 타밀나두주의 도시 첸나이에 있어요.

최고의 춤꾼들
춤추기를 좋아한다면 칼라크셰트라 재단에 가 보면 좋아요. 이곳은 인도에 있는 최고의 무용 학교 가운데 하나랍니다. 물론 여기에 들어가려면 엄청나게 연습해야 해요.

이보다 더 정확할 수는 없다
엄지와 나머지 손가락들을 포개서 눈 모양을 만들 수 있나요? 인도에서 가장 오래된 춤 하나인 바라타 나티아 댄서들은 신기할 만큼 손가락으로 정확한 모양을 만들며 춤춘답니다.

인도의 악기

그웅루오가 짤랑이는 소리와 함께 칼라크셰트라의 무도장은 다양한 악기 소리로 가득 채워져요. 춤출 때 연주하는 악기로는 시타르와 탄푸라와 같은 현악기, 반수리 플루트, 타블라와 돌락과 같은 북, 만지라 심벌즈, 하모늄과 같은 건반 등이 있어요. 악기들이 내는 소리는 귀를 즐겁게 해 준답니다.

바라타 나티아

바라타 나티아를 추는 모습을 보고 있노라면 마음이 신나게 들썩여요. 종이 딸랑딸랑 울리는 소리, 가수의 노랫소리, 화려하게 화장한 얼굴이 어우러져 쉽게 잊지 못할 멋진 장면을 만들어 내요.

케랄라주

배 위의 집

상자 밑바닥에 야자나무가 늘어선 푸른 강물 위를 둥둥 떠 있는 배 사진이 있어요.

"널 보며 손 흔드는 할미가 보이니?"

함께 사진을 찬찬히 들여다보는 동안 할머니가 타라에게 물었어요.

"강을 오가는 배가 참 많았단다. 어떤 배에서는 과일과 채소를 팔았지. 우리를 초대한 배의 주인이 요리 재료를 몽땅 사서 맛있는 음식을 만들어 주었어."

"배에서 잘 때 기분은 어땠어요?"

"너무 좋았지. 배가 가만가만 흔들리고 시원한 바람이 내가 있던 객실로 살랑살랑 불어 들어왔어. 밤마다 들리는 개구리들과 새들의 소리를 벗 삼아 금세 잠들었단다."

타라는 할머니의 무릎에 고개를 지그시 대었어요. 할머니는 타라가 가장 좋아하는 자장가를 들려주셨어요. 눈이 사르르 감기고 찾아온 어둠 속에서 찰랑거리는 물이 머릿속에 조용히 떠올랐답니다.

땅으로 흘러 들어간 아라비아해의 바닷물은 케랄라 해안을 따라 물길을 얼기설기 만들어요. 이 물길을 따라서 집들이 물 위를 유유히 떠다닌답니다.

강의 뒤편에서는
케랄라 수로를 이용하면 어디든지 갈 수 있어요. 석가모니상을 보러 박물관에 갈 수도 있고 식당에서 바삭바삭한 팬케이크 아팜을 맛볼 수도 있어요. 원하기만 한다면 언제든지 배를 타고 갈 수 있답니다.

부지런한 코끼리들
케랄라는 야생 동물의 천국이에요. 안개가 짙은 새벽에 잠에서 깬다면 아침 목욕을 하는 코끼리들을 가까이에서 볼 수 있을 거예요. 코끼리들은 아무 곳에나 물을 뿌리고 뿌우 소리를 내요. 물이 튈 수 있으니 조심해야 해요.

아름다운 해안 산맥
물가에서 땅으로 깊숙이 들어오면 유명한 해안 산맥 웨스턴 가트가 있어요. 이곳은 랑구르원숭이와 호랑이, 코끼리의 보금자리가 있는 곳이지요. 커다란 차 밭도 있어요.

물 위에서 쇼핑하기
배에 물건을 싣고 파는 상인들이 강을 천천히 거닐어요. 배에는 초록빛 잭프루트(카눈)와 달콤한 오렌지색 파파야, 오크라가 산더미처럼 쌓여 있지요. 상인들은 "잘 익은 망고가 왔어요. 하나 사면 두 개가 공짜!"라고 외치며 다른 배들을 끌어모아요.

아유르베다의 약
콜렌고데 마을에 있는 칼라리 코빌라콤은 아유르베다 약의 중심지예요. 아유르베다는 신선한 약초와 마사지로 몸에 생긴 문제를 고치는 전통 치료법이랍니다.

스포츠에 진심인 나라

스포츠는 인도인들의 삶에서 중요했어요. 과거를 거슬러 올라가 볼까요? 인더스 문명 시대부터 인도인들은 전차와 말을 타고 활쏘기를 연습하거나 권투처럼 주먹을 이용한 경기를 즐겨 왔어요.

고대 인도의 스포츠에는 오늘날의 인도인들이 즐겨 하는 것도 있어요. 이를테면 럭비와 비슷한 카바디와 마른 진흙에서 펼치는 레슬링 경기 펠와니를 꼽을 수 있어요. 가장 아름다운 스포츠를 들자면 연날리기가 있어요. 연날리기는 자신의 기술로 상대편의 연줄을 끊어 겨루는 스포츠랍니다. 드넓은 푸른 하늘 위에서 최후의 연으로 남는 것이 연날리기의 목표예요.

오늘날 인도의 국민 스포츠는 필드하키예요. 남성과 여성 팀 모두 올림픽에서 세계적인 실력을 뽐내며 활약하고 있어요. 인도의 필드하키 대표 팀은 금메달과 은메달, 동메달을 모두 차지한 적이 있어요.

어라, 잠깐만요. 이 엄청난 함성은 뭐죠? 크리켓 인도 대표 팀이 막 도착했나 봐요. 인도의 크리켓 대표 팀은 세계적으로 가장 많은 팬이 있을 뿐만 아니라 세계 랭킹에서도 상위권을 차지하고 있답니다.

최고의 등반가
1989년에 태어난 아루니마 신하는 인도에서 손꼽히는 배구 선수이자 산악인이에요. 아루니마는 한쪽 다리를 자르는 수술을 받았어요. 그럼에도 여성 최초로 에베레스트산과 빈슨산, 남극의 가장 높은 산을 오른 기록들을 세웠답니다.

아름다운 기계 체조
고대부터 전해 내려온 체조인 말라캄은 요가와 레슬링을 합친 스포츠예요. 선수들은 높이 2.6미터의 나무 기둥에서 균형을 잡아야 해요. 강인함과 자신감이 두루 있어야 하는 스포츠이지요.

누구보다도 빠르게

자스프리트 범라 선수가 던지는 크리켓 공은 눈 깜짝할 짧은 사이라 해도 방심하면 놓칠 수 있어요. 그는 세계에서 크리켓 공을 가장 빠르게 던지는 선수 중 하나거든요.

내가 바로 권투 챔피언

마리 콤은 세계적인 권투 스타예요. 마리는 반짝이는 물이 아름다운 록탁 호수 근처의 마니푸르주 동부에서 자랐어요. 그녀는 열다섯 살에 고향을 떠나 도시로 향하는 기차에 몸을 실었어요. 그리고 2012년에 열린 런던 올림픽에서 동메달을 따냈답니다.

테니스의 여왕

아시아 선수가 귀하던 시대, 사니아 미르자는 최고의 테니스 대회 가운데 하나인 그랜드 슬램에서 여섯 번이나 우승했고 복식 경기에서도 마흔네 번이나 우승했어요. 그녀는 '테니스계의 개척자'로 불렸답니다. 사니아는 소녀들이 스포츠에 적극적으로 참여할 수 있도록 목소리를 높이고 있답니다.

파란색의 여성들

인도의 여성 크리켓 팀은 '파란색의 여성들'이라는 별명이 있어요. 팀의 단체옷 색이 짙은 파란색이기 때문이지요. 팀의 주장인 미탈리 라즈는 세계 여성 크리켓에서 가장 높은 순위에 올랐답니다.

카르나타카주

벵갈루루

"이 사람이 여행가 니디 티와리란다."

할머니는 어두운 녹갈색 지프 앞에서 환하게 웃고 있는 여자의 사진을 보여 주었어요.

"니디의 고향인 벵갈루루에서 그녀를 만나다니 참 운이 좋았지 뭐니?"

할머니는 호기심이 많은 니디가 어릴 때부터 웨스턴가트의 바위투성이 지대를 탐험했다고 말해 주셨어요. 커서 운전하는 법을 배운 니디는 지프를 타고 모험을 떠났다고 하셨지요. 무시무시한 폭우가 길을 마구 때려도 니디는 조금도 아랑곳하지 않았대요.

할머니는 니디가 델리에서 런던까지 얼마나 먼 거리를 자동차로 여행했는지 자세히 알려 주셨어요. 그동안 타라는 푹푹 찌는 운전석에 앉아 열일곱 개 나라를 둘러보는 자신의 모습을 상상했어요. 모험을 즐기는 니디 티와리처럼요. 미얀마의 출발점에 서 있는 모습도 그려 보았지요. 상상 속에서 타라는 높고 가파른 산맥이 늘어선 독수리의 나라 카자흐스탄을 훑어보고는 러시아로 향했어요. 유럽의 침엽수림을 지나 97일째 되는 날 드디어 런던에 도착했지요. 상상 속의 타라는 몸은 힘들었지만 뿌듯한 마음에 하늘로 주먹을 내지르고 있었어요.

벵갈루루는 카르나타카주의 중심 도시예요. 해발 949미터 위에 있는 이 도시는 인도에서 가장 높은 곳에 있는 도시 가운데 하나랍니다. 이곳은 '인도의 실리콘 밸리'로도 알려져 있어요. 세계적인 IT 회사들의 본사가 이곳에 있답니다.

인도에서 영국까지
델리에서 런던까지, 니디 티와리는 열일곱 개 나라를 거쳐 장장 23800킬로미터를 여행했어요.

여성을 위해 일어서다

인도는 여성과 남성의 권리가 항상 똑같지 않아요. 니디는 '한계를 넘어선 여성들' 단체를 세워서 여성들이 권리를 가질 수 있도록 앞장섰어요. 그녀는 많은 여성이 모험심을 가지고 세상 밖으로 나오기 바랐어요. 한계란 오직 하늘밖에 없다는 사실을 깨달으면서요.

얼어붙은 여행길

니디는 러시아의 마을 오이먀콘을 지나면서 '가장 힘든 여행'이라고 했어요. 오이먀콘은 남극을 빼면, 지구에서 가장 추운 곳이에요. 동시베리아의 얼어붙은 땅으로 가려면 '뼈의 길'이라 불리는 긴 도로를 지나야 해요.

전통 공예의 고향

벵갈루루는 힌두교의 시바 신을 조각한 촐라 상으로 유명한 곳이에요. 촐라 상은 불타는 고리 안에서 아름다운 춤을 추는 시바 신의 모습을 조각했어요. 세계에서 가장 유명한 석공들과 구리 조각가들이 벵갈루루에 살아요. 이들은 후손에게 대대로 공예 기술을 물려주고 있어요.

마하라슈트라주

뭄바이

할머니는 침대 맞은편에서 청록색 치마 렝하를 늘어트렸어요. 길고 하늘거리는 렝하의 아래에 반짝이들이 꿰매어져 있어요. 타라는 치마를 대어 보며 말했어요.

"너무 예뻐요. 나한테 딱 맞아요."

"내가 보기에도 그렇구나, 그렇다면!"

할머니는 타라가 치마로 갈아입는 것을 도와주며 웃으셨어요. 그리고 견학했던 발리우드 스튜디오 이야기도 해 주셨지요. 그곳에서 유명 배우를 볼 수 있지 않을까 기대하셨대요. 그 후에 어쩌다가 이 치마를 선물로 샀는지도 들려주셨어요.

할머니가 음악을 틀자 타라는 영화 주인공처럼 빙그르르 돌았어요.

"정말 굉장한 도시였단다. 어디를 둘러봐도 높은 건물뿐이었지. 물론 바닷가로 나가거나 배를 타고 엘리펀트 섬에 놀러 갈 수도 있었어."

할머니가 미소를 지었어요.

"다 좋았지만 말이다. 발리우드 유명 배우인 아미타브 밧찬의 집이 가장 기억에 남는구나. 내가 도착하니 아미타브는 문을 열고 팬들에게 손을 흔들어 주었거든."

"유명 영화배우를 보지 않을까, 하는 기대가 이루어졌네요. 할머니."

섬을 잇는 다리

뭄바이는 일곱 개의 섬으로 이루어져 있어요. 이탈리아의 도시 베니스와 비슷하게 섬마다 다리로 이어져 있답니다. 뭄바이에는 기원전 2세기부터 사람들이 살았어요.

1. 마힘
2. 월리
3. 파렐
4. 마자가온
5. 봄베이
6. 리틀 콜라바
7. 콜라바

인도에서 인구수가 가장 많은 뭄바이는 서해안에 자리 잡고 있어요. 이곳은 뉴욕에 버금갈 만큼 높고 반짝이는 건물들이 즐비한 산업 중심지예요.

도시에 사는 야생 동물들

인구만 2000만 명이 넘는 도시 뭄바이는 야생 동물들의 보금자리이기도 하답니다. 야생 표범은 밤에 몰래 도시로 들어와 사람들이 길거리나 쓰레기통에 버린 음식을 먹어요.

발리우드

'발리우드'라는 이름은 뭄바이의 옛 이름인 봄베이와 미국 영화의 중심지 할리우드를 더해 지었어요. 할리우드에서 1년에 영화를 500편 남짓 만든다면 발리우드에서는 약 1000편을 만든다고 해요.

빨래 세계 기록
뭄바이에는 세계에서 가장 커다란 야외 빨래터 도비 가트가 있어요. 이곳에는 빨래터만 무려 700여 개나 있어요. 200여 가족이 몇십 년 동안 이곳에서 빨래를 해왔대요.

불평등한 도시
뭄바이에는 비싼 집들이 많아요. 집값이 무려 약 2조 3000억 원이나 되지요. 비싼 가격만큼이나 '27층'이라는 높이에 머리가 어지러워질지도 몰라요. 하지만 세계 어느 나라나 그렇듯, 가난한 사람들도 많답니다.

구자라트주
기르 국립 공원

할머니는 가죽끈으로 만든 목걸이를 꺼냈어요. 목걸이에는 날카로운 이빨이 달려 있었어요. 타라는 목걸이를 조심히 들고 이리저리 돌려 보았어요. 이렇게 날카로운 이빨은 자주 볼 수 있는 게 아니었으니까요.

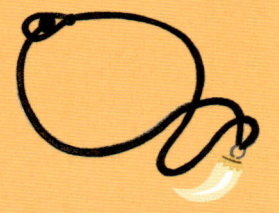

"타라, 믿기지 않겠지만 이 이빨은 새끼 사자의 것이란다."
"정말요? 인도에 사자가 있는 줄은 몰랐어요."
"구자라트주에 있는 숲에 살고 있지. 사자는 아이들처럼 젖니가 빠지면 영구치가 나온단다. 너도 그렇게 될 게야."

할머니는 타라의 목에 이빨 목걸이를 걸어 주셨어요.
"숲 관리인들은 이빨을 찾는 대로 족족 모았어. 그리고 사파리를 방문한 나에게 선물로 주었단다."

타라는 목걸이의 이빨을 쥐고 깊은 숲에서 사냥감을 따라다니며 울부짖는 사자를 상상해 보았어요. 그 모습이 떠오르자 몸이 저절로 떨렸지요. 사자와 같이 있다면 순식간에 먹잇감이 되었을 거예요. 뾰족한 이빨을 가진 녀석들이라면 말이에요.

야생 동물 보호 구역
기르 국립 공원과 야생 동물 보호 구역은 구자라트주의 서쪽에 있는 베라발과 주나가드 사이에 있어요. 이곳은 세계에서 마지막으로 남은 야생 아시아사자의 보금자리랍니다.

나라의 상징, 사자
2000년 된 사자 조각상이 등을 마주하고 서 있어요. '아소카의 사자 수도'라 불리는 이 조각상은 인도의 상징이 되었답니다. 네 마리의 사자는 힘, 용기, 자신감, 자부심을 가리켜요.

사자들의 조상
금색 갈기가 빛나는 커다란 아시아사자는 사촌 격인 아프리카사자보다 크기가 작아요. 오늘날의 아시아사자는 검투사와 싸우던 사자들의 후손이에요.

구자라트주는 인도의 서해안에 있어요. 이곳은 북쪽으로 파키스탄과 경계를 마주하지요. 구자라트주의 바닷가 길이는 약 1600킬로미터예요. 이는 인도에서 가장 길답니다.

사자를 지켜라

사자는 오랫동안 사냥을 당했던 탓에 수가 스무 마리까지 뚝 떨어졌어요. 사냥을 즐겼던 주나가드의 나왑 왕자는 사냥하지 않고 사자들을 지켜 주기로 마음먹었지요. 왕자는 왕국에 사자 보호 구역을 만들었어요. 그렇게 기르 국립 공원이 처음으로 생겼답니다.

1989년 이후 구자라트주의 커다란 도시인 아마다바드는 국제 연날리기 축제를 열었어요. 연을 만드는 사람들과 연날리기 선수들이 전 세계에서 실력을 뽐내려 모였지요. 아마다바드에 본사가 있는 연 제작 회사 라술바이 라힘바이도 축제에 꾸준히 함께해요. 줄 하나에 연을 500개나 달아서 날리는 것으로 유명하답니다.

구자라트주

인더스 문명

인더스 문명은 최초의 인류 문명 가운데 하나예요. 약 5000년 전에 인더스강을 따라 번성했어요.

할머니는 주사위 한 쌍을 들고 계셨어요. 타라는 할머니가 어떤 놀이를 하려는지 문득 궁금해졌어요. 할머니는 주사위를 흔들더니 바닥에 굴렸어요.

"6하고 3!"

타라가 소리쳤어요.

"그러면 9."

주사위를 잡은 타라가 다시 던졌어요.

"같은 수 나왔다! 5랑 5."

"재미있나 보구나, 타라. 그런데 주사위가 인도에서 만들어졌다는 거 알고 있니?"

"정말요?"

"고고학자들이 인더스 계곡의 도시들을 발굴했을 때 이 주사위와 똑같이 생긴, 점토로 구운 테라 코타를 발견했단다."

"뱀과 사다리 게임(뱀과 사다리가 그려진 판에서 하는 보드게임)처럼요?"

"아마도! 체스도 발명했을 거야. 인더스 계곡의 사람들은 최초로 면화와 쌀을 기르기도 했단다. 물을 내려 똥오줌을 흘려보내는 화장실도!"

할머니는 먼 옛날 인더스의 도시가 오늘날과 얼마나 비슷한지 말해 주셨어요. 타라는 인더스 계곡에 사는 소녀가 되어 먼지가 폴폴 날리는 거리를 걷는 모습을 떠올렸어요. 홍옥을 조각해 만든 목걸이를 팔기 위해 소 두 마리가 다니고도 남을 널따란 길을 지나 시장에 가는 모습을 찬찬히, 계속해서 그렸답니다.

문명사회

스톤헨지가 영국에 세워질 무렵, 인더스 사람들은 무게와 측정 단위를 사용하여 욕실과 화장실이 있는 집을 지었어요. 그리고 문자를 쓸 줄 알았답니다.

과거에서 들려오는 소리

오늘날 인도에는 인더스 문명의 흔적들이 뚜렷하게 남아 있어요. 집터에서 나온 벽돌, 거리와 움푹 들어간 광장, 사람들이 목욕을 즐기던 곳까지 이어지는 계단을 눈여겨보세요. 눈을 감고 귀를 기울이면 누군가 주사위를 굴리며 보드 게임을 하는 소리가 들릴지도 몰라요.

춤추는 소녀

춤추는 소녀의 조각상은 인더스에서 나온 중요한 유물 가운데 하나예요. 조각상은 델리 국립 박물관에 전시되어 있답니다.

유니콘 도장

인더스 사람들은 무역할 때 돌로 만든 아름다운 도장을 사용했어요. 상품의 자루에 달린, 점토로 만든 꼬리표에 이 도장을 꾹 눌렀어요. 누가 그 상품을 만들었는지 보여 주려고 했을 거예요. 도장에는 유니콘을 닮은 뿔 하나가 달린 동물이 새겨져 있어요.

독창적인 발명품

인도는 오늘날 쓰는 숫자 기호('0' 포함)를 가장 먼저 이해하고 사용한 나라예요.

대수학과 파이(Pi) 값 등도 인도에서 처음 나왔지요.

인도는 '뱀과 사다리 게임'과

주사위 게임인 루도,

그리고 단추 등

다양한 물건을 만들었답니다.

라자스탄주

우다이푸르의 호수 궁전

할머니는 상자에 손을 뻗어 밝은 옷을 입은 꼭두각시를 꺼냈어요. 꼭두각시는 보석이 박힌 분홍색과 붉은색 옷을 입고 가장자리에는 금을 둘렀지요.

"이 인형은 어디에서 났어요, 할머니?"

타라는 줄을 슬며시 들어 올리며 인형의 팔을 이리저리 움직였어요.

"라자스탄에 갔더니, 시장 가판에 이 인형이 보이지 뭐니? 집에 당장 사 가지고 가야겠다는 생각이 들었지."

할머니가 휴대 전화를 톡톡 누르자, 음악이 흘러나왔어요.

"인형이 말할 줄 안다면 어떤 이야기를 들려줄지 상상해 보렴."

순식간에 방 안이 극장처럼 느껴졌어요. 타라는 흥겨운 시타르 음악에 맞추어 인형을 흔들었지요. 인형은 바닥 위에서 춤추며 폴짝 뛰고 빙그르르 돌았어요. 마침내 음악이 끝나자 몸을 흔들며 꾸벅 인사했어요.

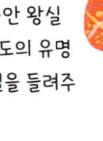

꼭두각시 이야기
라자스탄주는 꼭두각시의 역사가 깊어요. 인형들은 수천 년 동안 왕실 극장을 돌며 인도의 유명한 신화와 전설을 들려주었답니다.

완벽한 배경
도시 우다이푸르는 반짝이는 피촐라 호수 옆에 있어요. 이곳에는 아름다운 궁전이 많아서 꿈속에 있는 듯 느껴지기도 해요. 웅장한 보랏빛 아라발리 숲의 언덕이 얼마나 아름다운지 주위를 살펴보세요.

인도의 북부 지방에 있는 라자스탄주는 역사가 살아 숨 쉬는 곳이에요. 라지푸트족과 마하라자족 등 전사 가문의 역사가 도시에 남아 있지요. 이곳에서 화려하게 살았던 사람들은 멋진 궁전, 예술, 음악, 축제 등에 지원을 아끼지 않았답니다.

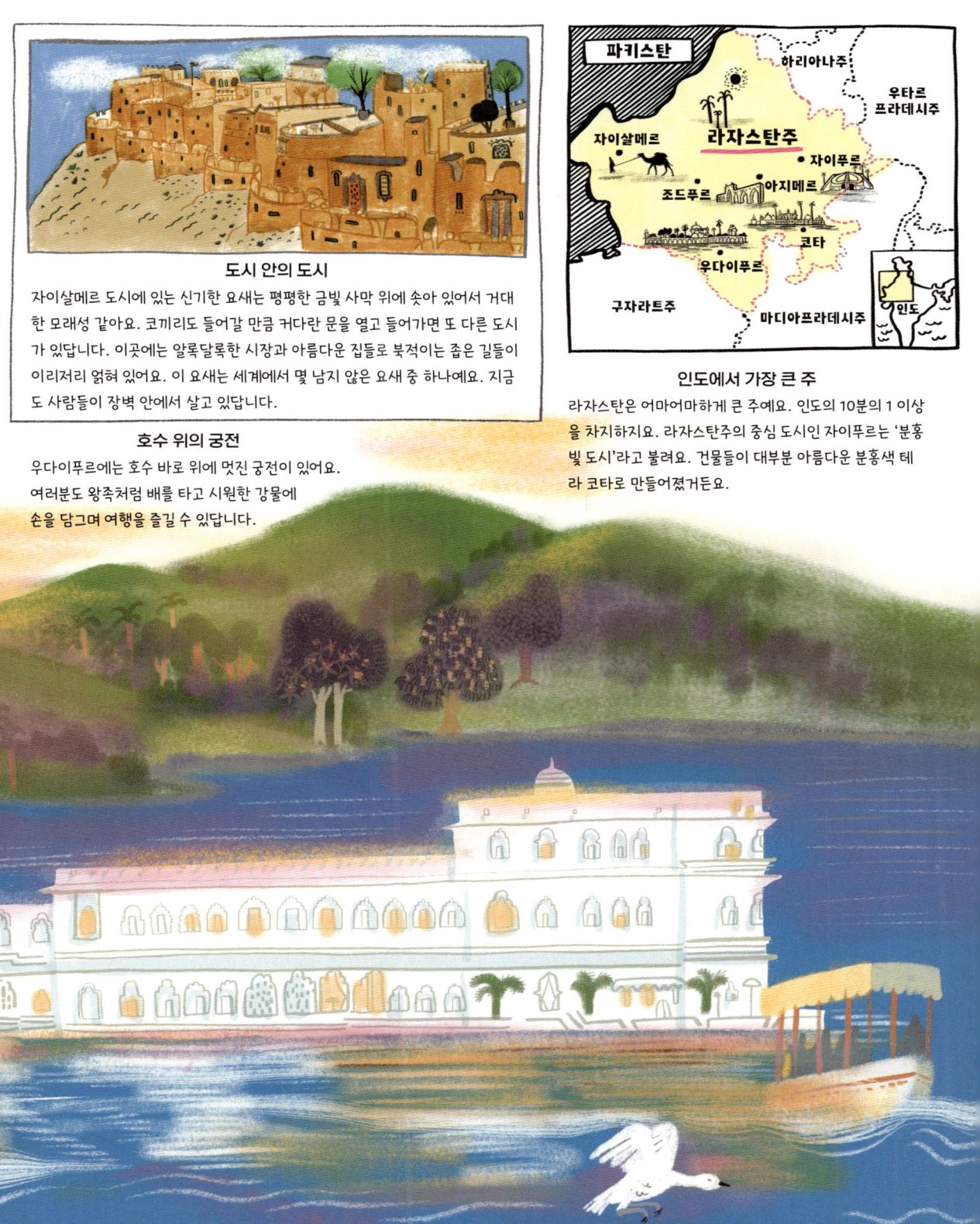

도시 안의 도시
자이살메르 도시에 있는 신기한 요새는 평평한 금빛 사막 위에 솟아 있어서 거대한 모래성 같아요. 코끼리도 들어갈 만큼 커다란 문을 열고 들어가면 또 다른 도시가 있습니다. 이곳에는 알록달록한 시장과 아름다운 집들로 북적이는 좁은 길들이 이리저리 얽혀 있어요. 이 요새는 세계에서 몇 남지 않은 요새 중 하나예요. 지금도 사람들이 장벽 안에서 살고 있답니다.

인도에서 가장 큰 주
라자스탄은 어마어마하게 큰 주예요. 인도의 10분의 1 이상을 차지하지요. 라자스탄주의 중심 도시인 자이푸르는 '분홍빛 도시'라고 불려요. 건물들이 대부분 아름다운 분홍색 테라 코타로 만들어졌거든요.

호수 위의 궁전
우다이푸르에는 호수 바로 위에 멋진 궁전이 있어요. 여러분도 왕족처럼 배를 타고 시원한 강물에 손을 담그며 여행을 즐길 수 있답니다.

펀자브주

황금 사원

할머니는 빛나는 금색 체인이 달린 목걸이를 주셨어요. 둥그런 장식을 열어 보니 작은 그림이 함께 있었지요. 할머니는 타라의 목에 목걸이를 걸어 주며 말했어요.
"이건 암리차르에서 받은 특별한 거란다."
우리 가족은 시크교를 믿어요. 그림 속의 남자는 시크교를 창시한 구루 나나크예요.
"그분께서는 언제나 너를 지켜 주실 거야."
할머니가 힘을 주어 말했어요. 그러고 나서 암리차르에 갔던 여행 이야기를 들려주셨어요. 기도를 드리려 아침에 일찍 일어나 신성한 암리트 사로바르 호수의 가장자리에 앉았던 일도요. 사원의 황금빛 둥근 지붕이 물가에 반짝였대요. 할머니는 눈을 지그시 감으셨어요.
"너무나도 평화롭고 아름다웠지."
타라도 목걸이를 손에 쥔 채 눈을 감았어요. 그리고 할머니가 가르쳐 준 기도문을 중얼거렸지요. 세계의 평화를 바라면서요.

4대 시크교 구루(스승)였던 람 다스는 1577년에 암리차르를 세웠어요. 시크교도들에게 가장 신성한 도시이지요. 이곳은 파키스탄과 가까운 인도의 북서쪽에 있어요.

기도하는 자들의 날개
드넓은 암리트 사로바르 호수 너머로 새들이 날갯짓해요. 암리트 사로바르는 '꿀이 흐르는 물'이라는 뜻이에요. 새들의 날개는 사원의 황금 지붕 앞에 기도하는 것처럼 강물에 잔물결을 일으킨답니다.

성지 근처에서 쇼핑하기
암리차르 한복판에 있는 사원은 미로처럼 복잡한 거리에 둘러싸여 있어요. 이곳에는 반짝이는 신발, 결혼식에 쓰는 은색 뱅글 팔찌 등 온갖 장신구를 살 수 있는 시장과 상점이 가득하답니다.

누구나 일꾼
사원에서는 누구든 일을 도와야 해요. 바닥을 쓸어 달라거나 무언가를 씻어 달라는 부탁을 받아도 투덜댈 수 없답니다.

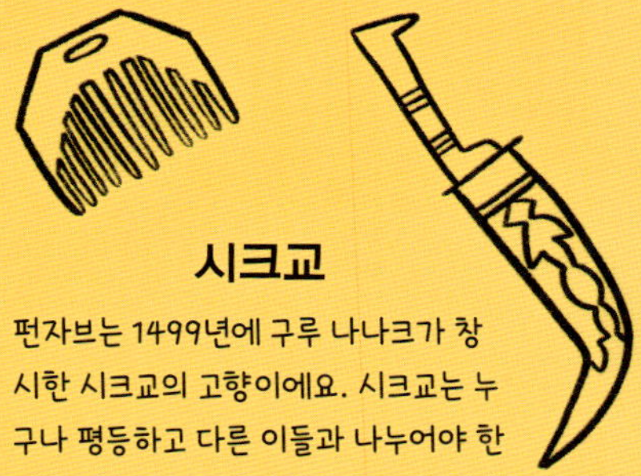

시크교

펀자브는 1499년에 구루 나나크가 창시한 시크교의 고향이에요. 시크교는 누구나 평등하고 다른 이들과 나누어야 한다는 믿음으로 세워졌어요. 누구나 암리차르와 신성한 성지인 황금 사원 하리만디르에 갈 수 있어요. 순례자들은 돈과 음식, 자신의 노동력을 기부합니다. 그러면 음식 랑가르를 원하는 이들과 나눌 수 있어요. 사람들이 어떤 종교를 믿는지는 중요하지 않아요.

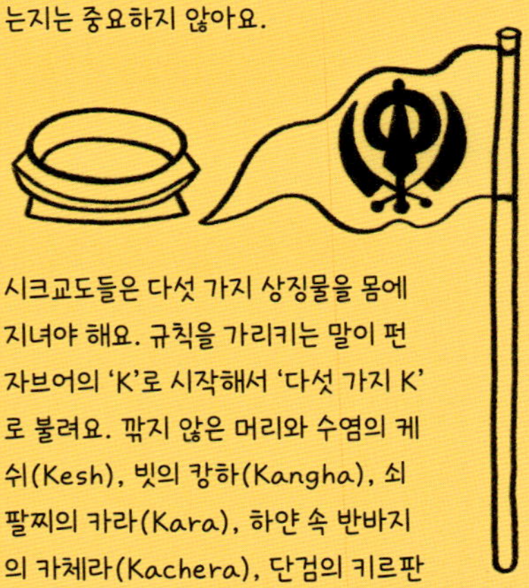

시크교도들은 다섯 가지 상징물을 몸에 지녀야 해요. 규칙을 가리키는 말이 펀자브어의 'K'로 시작해서 '다섯 가지 K'로 불려요. 깎지 않은 머리와 수염의 케쉬(Kesh), 빗의 캉하(Kangha), 쇠팔찌의 카라(Kara), 하얀 속 반바지의 카체라(Kachera), 단검의 키르판(Kirpan)이랍니다.

눈을 사로잡는 화려한 공예

인도의 시장에는 눈이 휘둥그레질 만큼 멋진 물건들이 가득해요. 물건들은 모두 정성을 다해 만들어졌어요. 이곳에서 공예는 숨쉬기만큼이나 중요하답니다. 전 세계인들은 인도의 장인들이 만든 물건들을 귀하게 여겨요. 손수 물들인 문구류와 강렬한 무늬를 자랑하는 양탄자, 반짝이는 보석류가 전 세계 사람들에게 사랑받고 있지요. 오늘날 인도의 젊은 장인들은 오래전부터 전해 내려온 기술을 현대적으로 살짝 바꾸어 아름다운 작품으로 만들어 내요. 이렇게 만들어진 상품들은 인도 주요 도시의 상점과 미술관은 물론, 인터넷을 통해 세계 곳곳에서 팔리고 있답니다.

직물 공예에서부터 자수, 비단실을 엮어서 만든 천에 이르기까지 인도에는 훌륭한 옷감이 엄청나게 많아요. 뛰어난 옷감을 만드는 만큼 전통 의류도 매우 중요하게 여기고 있지요.

인도 여성들은 어디에서나 4~6미터나 되는 기다란 면 또는 비단 사리를 입어요. 사리는 상의와 함께 입거나 아래로 늘어뜨려 입는 등 다양한 방식으로 입을 수 있답니다. 남성들은 도티나 룽기와 같은 전통 의상을 입을 때가 많아요. 여기에 셔르와니 또는 쿠르타라 부르는 단추가 달린 기다란 셔츠를 입기도 해요. 도시에서는 남녀 모두 서양식 옷을 입어요. 인도의 총리 이름을 딴 네루 재킷을 입은 사람들도 볼 수 있어요.

베 짜는 사람
전통 무늬와 현대 무늬가 모두 있는 직물과 양탄자 짜기는 사람들이 집에서 하는 일이에요. 천을 짜는 일은 수천 년 동안이나 인도 사람들의 일상으로 자리 잡았지요. 라자스탄주는 세계에서 유명한 듀리(두꺼운 깔개) 장인들이 모인 곳이랍니다.

반짝반짝 보석류
미나카리로 만든 아름다운 반지나 목걸이를 원하시나요? 보석류와 보석함, 기념품을 만드는 기술은 무굴 제국 시대까지 거슬러 올라간답니다. 미나카리는 선명한 에나멜 물감을 금속 위에 바르고 높은 온도에서 굽는 방법이에요.

진흙으로 만든 거울
구자라트주의 쿠치 지역은 새하얀 소금이 빛나는 평평한 곳이에요. 이곳에서 진흙 거울을 처음 만들었답니다. 엄청나게 눈부시니 선글라스를 꼭 써야 해요. 장인들은 소금이 가득하고 축축한 땅에서 하얀 진흙을 푼 뒤 집의 벽 위에 발라요. 그 다음 작은 거울을 만들어 아름답게 꾸미지요.

헤나 염색
헤나는 지울 수 있는 아름다운 문신이에요. 축제나 기념일에 손과 발에 무늬를 넣어서 꾸미지요.

솜씨 좋은 금속 세공인들
도크라는 금속으로 조각상을 만드는 예술이에요. 서벵골과 인도 동부의 오디샤가 도크라로 유명한 곳이지요. 만들기까지 많은 시간을 들여야 하지만 아름다운 코끼리 조각상부터 여신과 신의 조각상까지 무엇이든 만들 수 있답니다.

잠무와 카슈미르, 라다크
헤미스 국립 공원

'태고의 땅'이라 일컬어지는 헤미스 국립 공원은 인도의 가장 북쪽에 있어요. 히말라야산맥에 자리 잡고 있는 헤미스 국립 공원은 녹지 않고 쌓여 있는 눈으로 덮인 산과 빙하가 흐르는 계곡으로 멋진 풍경을 이룬답니다.

할머니는 타라에게 눈을 감으라고 하셨어요. 곧 목에 무언가를 달아 주는 느낌이 났지요. 눈을 떠 보니 검은 줄에 매달린 작고 구부러진 발톱이 만져졌어요.

할머니는 어렸을 때 등산했던 이야기를 들려주셨어요. 산에 갔을 때 눈 속에 파묻혀 있던 눈표범의 발톱을 발견했다지 뭐예요? 눈이 많이 와서 할머니의 부츠가 눈구덩이에 쑥 들어가 옴짝달싹하지 못하고 있었대요. 그때 반짝이는 무언가가 보였던 거예요.

어느덧 웅장한 히말라야산맥에 서 있는 모습이 타라의 머릿속에 그려졌어요. 깊고 푸른 하늘 위로 새 한 마리가 빙글빙글 돌며 사냥감을 찾고 있어요. 새는 날개를 활짝 펴고 바람에 몸을 맡겨요. 은백색으로 변한 하늘에서 눈이 내려요. 타라는 멸종 위기에 놓인 눈표범을 이리저리 찾고 있었어요. 사람들은 눈표범을 '회색 유령'이라 부른답니다. 눈표범은 숨바꼭질의 고수거든요. 옅은 바탕에 회색 점박이 무늬는 바위 사이에서 몸을 숨기는 데 제격이랍니다. 타라는 제자리에서 조용히 소원을 빌었어요. 회색 유령을 만날 수 있는 행운이 찾아오기를 바라면서요.

멸종 위기 동물들을 만날 수 있는 곳
헤미스 국립 공원은 멸종 위기 동물인 눈표범의 보금자리예요. 안타깝게도 야생에 남아 있는 눈표범은 4000마리에서 6500마리밖에 없다고 해요. 야생 동물들을 찾아내기도 무척이나 어려워요. 하지만 헤미스에서 운이 좋다면 히말라야갈색곰과 박트리아쌍봉낙타, 귀가 촘촘한 황금빛 스라소니를 만날 수 있답니다.

이게 진짜 치즈 버거

잠무와 카슈미르, 라다크에는 배가 고플 때 골라 먹을 수 있는 음식이 많아요. 이 가운데 칼라디 쿨차는 더할 나위 없는 점심이에요. 치즈의 일종인 칼라디를 튀기고 두툼한 빵 사이에 넣어서 햄버거처럼 먹는답니다.

뛰어난 가이드

히말라야산맥에서 자란 켄랍 푼초그는 산양만큼이나 뛰어난 운동 신경을 자랑한답니다. 그는 국립 공원을 안내하는 사람이자, 눈표범의 자취를 쫓는 전문가예요. 데이비드 애튼버러가 이끄는 팀의 한 사람으로서 눈표범 모자의 이야기를 담은 다큐 「살아 있는 지구Ⅱ」를 찍는 데 도움을 주었답니다.

겨울의 즐길 거리

겨울이면 굴마르그에서 스키를 타고 경사로를 신나게 내려갈 수 있어요. 이곳에는 세계에서 가장 높은 곳까지 올라가는 케이블카가 있어요. 안개와 구름이 소용돌이치는 곳까지 무려 3747미터나 올라간답니다. 케이블카를 타고 난 뒤에는 김이 올라오는 따뜻한 카슈미르 녹차로 몸을 데울 수 있어요. 녹차에는 잘게 썬 아몬드와 함께 금빛 사프란이 띄워져 나와요.

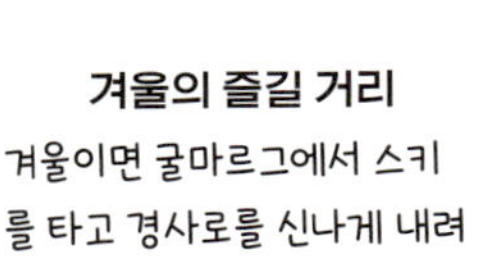

시원한 여름 나기

잠무와 카슈미르, 라다크의 여름은 무척 더워요. 기온이 무려 30도까지 치솟아요. 수영을 즐길 수 있는 차가운 호수와 강이 어디 있는지 알아 두면 좋아요. 이 지역에 있는 30여 개의 강은 꽁꽁 얼어 있는 히말라야산맥에서 흘러나온답니다.

편자브주

공작의 마을

모란왈리는 인도의 북부에 있는 편자브주의 작은 마을이에요. 이곳의 기름진 흙 덕분에 수많은 농장에서 먹을거리를 기를 수 있답니다. 그래서 이곳을 '인도의 아침 식사'라고도 해요.

할머니는 상자에 손을 넣어서 마지막 보물을 꺼냈어요. 보물은 반짝이는 청록색 공작 깃털이에요. 그 깃털로 타라의 온몸을 간지럽혔어요. 깔깔대며 엎어진 타라가 겨우 숨을 고르고 할머니에게 말했어요.

"그만, 할머니. 그만요! 이 깃털 어디에서 왔는지 알아요. 할머니가 사는 마을 모란왈리에서 왔지요?"

할머니는 팔을 벌려 타라를 와락 안아 주며 함박웃음을 지으셨어요.

"그렇단다. 정원의 담장을 따라 으스대며 걷기를 좋아했던 공작 한 마리에게서 얻었지. 기다란 꼬리를 쓸고 다니며 사람들에게 제 모습을 뽐냈어."

"농장에 있는 재미난 동물들 이야기를 더 들려주세요."

타라는 수백 번도 더 들었던 이야기이지만 또 들려 달라고 졸랐어요. 할머니는 들려주기 가장 좋은 목소리로 이야기를 시작했어요.

"할미가 가장 좋아하던 동물은 커다랗고 어두운 눈을 가진 소였단다. 차이를 만들 우유가 필요할 때면, 쭈그리고 앉아 소에게서 신선한 젖을 바로 얻을 수 있었지."

풍요로운 농작물

펀자브주에서는 밀, 목화, 사탕수수, 옥수수 등의 작물을 길러요. 태양이 빛나는 맑은 날이면 초록색과 노란색이 어우러진 밭이 하늘색 지평선이 보이는 곳까지 쭉 펼쳐진답니다.

탈라의 라이 자츠

모란왈리는 시크 왕국을 세운 마하라자 란지트 싱이 다스리던 시대의 '라이 자츠'라는 사람이 1811년에 세운 마을이에요.

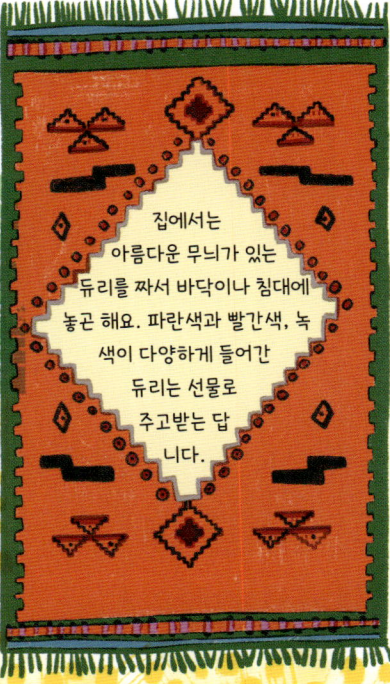

집에서는 아름다운 무늬가 있는 듀리를 짜서 바닥이나 침대에 놓곤 해요. 파란색과 빨간색, 녹색이 다양하게 들어간 듀리는 선물로 주고받는 답니다.

머나먼 농장

수많은 펀자브 주민들이 1950년대와 1960년대에 고향을 떠나 영국으로 갔어요. 이들은 마음속에 자신들이 살던 농장을 간직하고 있었어요. 시간이 흐르고 아름다운 고향으로 돌아와 농사를 지으며 편하게 사는 사람들도 있었답니다.

할머니는 이불을 타라의 턱 아래까지 끌어 올려 주었어요. 타라의 마음은 할머니가 들려준 이야기 속으로 휘감겨 들어갔지요. 눈꺼풀이 아래로 내려앉고 마법이 타라를 어딘가로 데려가는 느낌이었어요.

바람이 불어오자 산들바람에 실려 달콤한 밀밭 냄새가 났어요. 소가 낮게 우는 소리와 아이들이 노는 소리도 들렸지요.

타라는 놀고 있는 아이들 사이에 끼어들었어요. 곧 아이들은 그늘진 자귀나무 아래로 뛰어가서 밝은색 듀리에 몸을 던졌어요. 할머니는 라씨 요구르트가 담긴 시원한 유리컵을 들고 기다리고 계셨지요.

라씨를 천천히 홀짝인 타라는 밝게 빛나는 별들을 바라보았어요. 느긋하고 행복한 이곳에서 점점 잠이 쏟아졌지요.

할머니가 자장가를 흥얼거리는 소리와 방문을 살짝 닫는 소리가 들렸어요. 타라는 할머니가 계단을 내려가는 소리를 들으며 이불을 꼭 덮었어요. 오늘 밤, 타라는 공작이 사는 마을에 있을 거예요. 다음에는 할머니가 인도의 어느 마을 이야기로 데려가실까 궁금해하며 말이에요.

인도의 역사

인도는 약 5000년이 넘는 기나긴 역사가 선사 시대부터 이어져 온 멋진 나라예요.

기원전 10000년 ~ 기원전 8000년
빔베트카의 바위 은신처에서 가장 오래된 그림이 나왔어요.

기원전 3000년
인도 북부와 오늘날의 파키스탄 지역에서 인더스 문명이 발달합니다.

기원전 1100년
인더스 문명이 무너지고 중앙아시아에서 아리아인들이 인도로 들어옵니다.

1221년 ~ 1400년
칭기즈 칸이 몽골군을 이끌고 인도에 쳐들어왔어요. 몽골 제국의 일부였던 티무르는 1398년에 델리 왕조를 무너트려요.

1000년 ~ 1210년
가즈나 왕조가 북부에서 쳐들어왔어요. 1210년에 델리 왕조가 세워졌어요.

1498년
포르투갈의 탐험가 바스쿠 다가마가 인도에 도착해 인도로 가는 바닷길을 열었어요.

1526년
티무르의 후손 바부르가 무굴 제국을 세워요.

1556년
아크바르가 무굴 제국의 세 번째 황제가 되었어요.

1920년
마하트마 간디가 영국 정부에 맞서 폭력 없는 투쟁을 시작해요.

1911년
영국 정부가 캘커타에서 델리로 수도를 옮겨요.

1885년
인도의 독립을 위해 인도 국민 의회가 세워져요.

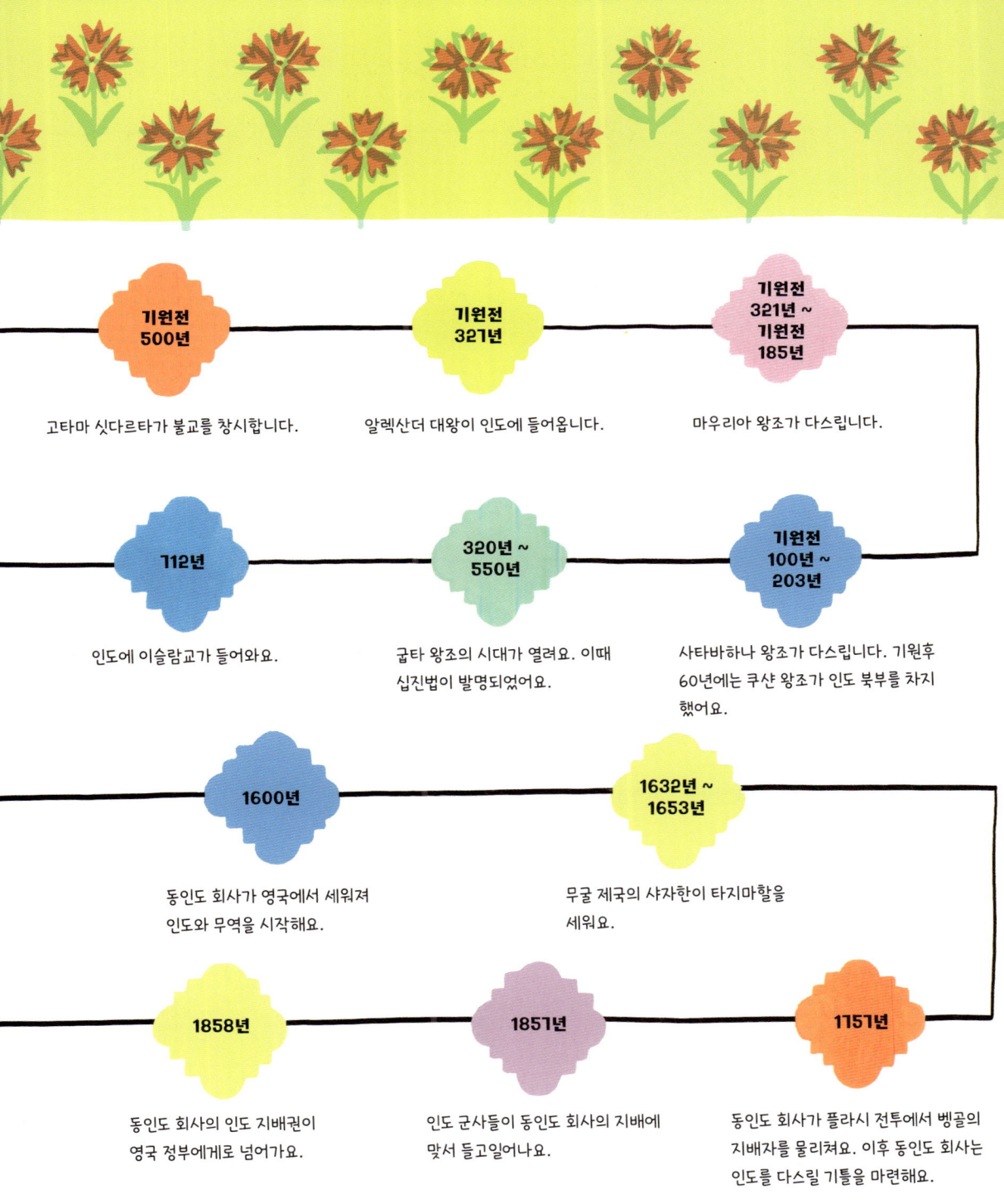

1930년 직접 소금을 만들거나 팔지 못하게 하는 영국에 맞서 간디가 소금 행진을 이끌어요.

1942년 인도 국민 의회가 '인도를 떠나라' 운동을 시작해요.

1947년 인도는 영국으로부터 독립하지만 파키스탄과 인도로 쪼개져요. 자와할랄 네루가 인도의 첫 총리가 돼요.

1947년 ~ 1948년 카슈미르 국경을 놓고 인도와 파키스탄 사이에서 전쟁이 터져요.

1948년 마하트마 간디가 암살당해요.

1950년 인도에서 헌법이 발표되고 공화국이 돼요.

1966년 자와할랄 네루 총리의 딸인 인디라 간디가 총리가 돼요.

1971년 인도는 동파키스탄 지역의 독립을 놓고 파키스탄과 전쟁해요. 이 전쟁에서 동파키스탄은 방글라데시로 독립해요.

1972년 인도는 파키스탄과 심라 평화 협정을 맺어요.

1984년 인디라 간디가 암살당해요.

2000년 인도의 인구수가 10억 명을 넘어서요.

2004년 인도양에서 발생한 강한 지진으로 쓰나미가 일어나 인도를 덮쳐요. 이 일로 무려 10000명 넘게 목숨을 잃어요.

인도와 파키스탄의 국경, 아타리-와가

1959년 이후 인도의 아타리와 파키스탄의 와가에 있는 국경에서 두 나라의 국경 수비대가 국기를 함께 내리는 행사를 열어요. 두 나라의 병사들은 군복을 입지요. 인도군은 밝은 빨간색과 카키색 군복을, 파키스탄군은 어두운 녹색 군복을 입어요. 머리에는 수탉처럼 화려하고 멋진 장식을 쓴답니다. 행사가 열리는 동안 병사들은 다리를 높이 차올리며 국경 위아래를 행진하고서 국기를 아래로 내려요. 전국에서는 관광객 수천 명이 이 행사를 보러 모인답니다. 춤 경연 대회를 보는 듯 떠들썩한 이 행사는 흥미로운 볼거리예요. 두 나라의 협력 관계를 상징하는 행사로 여겨지고 있지요.

인도의 아버지, 모한다스 카람찬드 간디

1869년에 구자라트주의 포르반다르에 있는 아라비아해 근처에서 모한다스 카람찬드 간디가 태어났어요. 어렸을 때 가족들은 그를 '마누'라고 불렀답니다. 누구도 마누가 인도의 아버지가 되거나 성인이라는 뜻의 '마하트마' 칭호를 받으리라고는 예상하지 못했지요. 영국이 인도를 다스리던 시대에 살았던 간디는 평등하지 못한 일을 굉장히 많이 겪었어요. 그는 옳고 그름에 확신이 있는 사람이었지요. 단호한 성격이었던 간디는 노력 끝에 영국으로 유학을 떠나 법을 공부하고 남아프리카에서 변호사가 되었어요. 간디가 남아프리카에 있던 시절의 정부는 백인이 흑인이나 유색 인종보다 더 뛰어나다는 생각으로 사람들을 대했어요. 간디는 백인이 아니라는 이유로 버스에서 나가 달라는 요구를 받기도 했지요. 그는 화가 나면서도 몹시 슬펐지만 이 일을 계기로 사람들의 권리를 위해 앞장서기 시작했습니다.

간디는 평화의 힘을 강하게 믿었어요. 그리고 폭력 없는 행진과 단식 등으로 더 살기 좋은 환경을 만들려고 노력했어요. 1947년에 이르러 영국에서 독립하는 데 이러한 노력들이 큰 역할을 했지요. 어느 날, 영국 정부는 인도인들이 영국에서 들여온 소금을 비싸게 사도록 법을 만들었어요. 간디는 사람들을 이끌고 380킬로미터에 이르는 길을 걷는 '소금 행진'을 시작했어요.

오늘날 간디는 전 세계인들에게 존경받고 있어요. 그는 마틴 루터 킹과 달라이 라마와 같은 지도자에게 영향을 주었고, 노벨 평화상 후보에 다섯 번이나 올랐답니다.

인도의 국기

인도의 국기는 1947년에 인도의 독립을 위해 처음 도안이 만들어져 깃대에 올랐어요. 맨 위의 짙은 사프란 색상은 무욕과 청렴을, 가운데 흰색은 진실과 평화를, 맨 아래의 초록색은 풍요를 상징한답니다. 가운데에는 바큇살이 24개인 아소카 차크라가 있어요. 인도의 국기는 자유와 더불어 부자와 가난한 자, 남성과 여성에는 차이가 없다는 믿음을 나타내요. 끊임없이 돌아가는 바퀴처럼 누구나 동등하고 변화를 기꺼이 맞이해야 한다는 뜻을 담고 있지요.

Incredible 인도 100배 즐기기

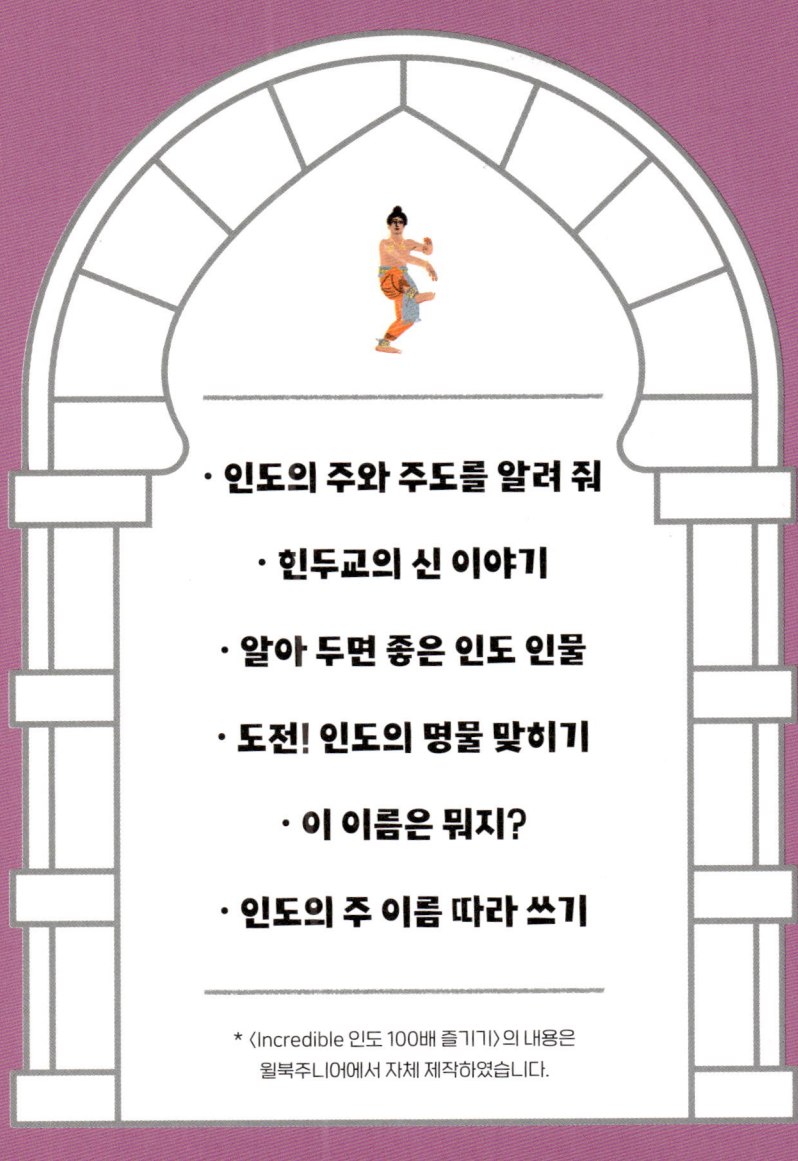

- 인도의 주와 주도를 알려 줘
- 힌두교의 신 이야기
- 알아 두면 좋은 인도 인물
- 도전! 인도의 명물 맞히기
- 이 이름은 뭐지?
- 인도의 주 이름 따라 쓰기

*〈Incredible 인도 100배 즐기기〉의 내용은 윌북주니어에서 자체 제작하였습니다.

인도의 주와 주도를 알려 줘

 **28개 주**

주	주도
안드라프라데시주	아마라바티
아루나찰프라데시주	이타나가르
아삼주	디스푸르
비하르주	파트나
차티스가르주	라이푸르
고아주	파나지
구자라트주	간디나가르
하리아나주	찬디가르
히마찰프라데시주	심라
텔랑가나주	하이데라바드
자르칸드주	란치
카르나타카주	벵갈루루
케랄라주	티루바난타푸람
마디아프라데시주	보팔
마하라슈트라주	뭄바이
마니푸르주	임팔
메갈라야주	실롱
미조람주	아이자울
나갈랜드주	코히마
오디샤주	부바네스와르

펀자브주	찬디가르
라자스탄주	자이푸르
시킴주	강토크
타밀나두주	첸나이
트리푸라주	아가르탈라
우타르프라데시주	러크나우
우타라칸드주	데라둔
서벵골주	콜카타

 8개 연방 직할령

안다만 니코바르 제도	포트블레어
찬디가르	찬디가르
다드라 나가르하벨리 다만 디우	다만
잠무 카슈미르	스리나가르(여름) / 잠무(겨울)
락샤드위프 제도	카바라티
델리	뉴델리
푸두체리	푸두체리
라다크	레 / 카르길

힌두교의 신 이야기

트리무르티와 트리데비

트리무르티는 힌두교의 세 신 '브라흐마·비슈누·시바'를 가리킵니다. 이 세 신은 우주를 창조하고 유지하며 파괴하는 역할을 맡고 있어요. 인도 곳곳의 사원에서는 트리무르티의 역할을 신성하게 묘사한 다양한 작품들을 볼 수 있어요.

    브라흐마는 창조, 비슈누는 유지, 시바는 파괴와 재생을 맡고 있어요. 이 세 신은 각자의 역할이 잘 드러날 수 있도록 묘사하고 있어요. 신들은 하나의 목 위로 세 개의 머리가 있는 모습, 또는 하나의 머리에서 서로 다른 쪽을 보고 있는 세 개의 얼굴의 모습 등으로 다양하게 나타내지요.
    세 신은 창조, 유지, 파괴를 통해 우주를 다스려요. 세계를 만들고, 이어 나가고, 마지막에는 사라지게 하는 것이지요. 창조는 과거, 유지는 현재, 파괴는 미래를 뜻해요. 이 돌고 도는 과정이 이 우주와 세상을 이루는 기본적인 힘이 된답니다.

    트리무르티의 아내들을 '트리데비'라고 해요. 트리데비는 '세 여신'이라는 뜻이에요. '브라흐마·비슈누·시바'의 아내인 '사라스바티·락슈미·파르바티'를 가리키지요.

트리무르티와 트리데비

브라흐마와 사라스바티

브라흐마는 창조의 신이에요. 그는 긴 수염과 네 개의 머리와 팔, 두 개의 다리를 가지고 있어요. 우주가 시작되기 전, 우주의 씨앗이 황금알 모양으로 물 가운데 있었어요.

브라흐마는 여기에서 태어났대요. 이 이야기에는 물이 모든 창조의 기원이라고 믿는 인도인들의 믿음이 담겨 있어요. 브라흐마를 묘사할 때는 물이 든 주전자를 들고 있는 모습으로 그리곤 해요.

브라흐마가 우주를 한 번 창조하면 약 43억 2000년 동안 이어진대요. 그가 잠들면 세상은 해체되고, 잠에서 깨어나면 다시 새로운 우주가 탄생해요.

브라흐마

사라스바티는 브라흐마의 아내이자 지식의 여신이에요. 여신의 이름에는 '물의 소유자'라는 뜻이 있어서 '물과 풍요의 여신'으로도 불리지요. 사라스바티는 네 개의 팔이 있는데 한 쌍의 팔은 염주와 베다 경전을, 다른 한 쌍의 팔은 비파와 비슷한 현악기인 비나를 들고 있어요. 백조나 공작새 또는 연꽃 위에 앉아 있는 모습으로 종종 묘사돼요.

브라흐마는 자신의 몸 일부로 사라스바티를 창조했대요. 사라스바티의 아름다움에 반한 브라흐마는 그녀를 쫓아다니며 청혼했어요. 또 늘 달아나기만 하는 그녀를 언제나 볼 수 있도록 다섯 번째 머리를 만들기도 했답니다. 그의 열렬한 청혼에 사라스바티는 결국 브라흐마와 혼인했고, 인류의 조상 마누를 낳았대요.

사라스바티

비슈누와 락슈미

비슈누는 세상을 변함없이 지키는 신이에요. 악을 물리치고 정의를 지키기에 평화의 신으로 불리며 트리무르티 중에서 가장 큰 사랑을 받고 있어요. 그는 '아바타'라는 분신으로 인간 세상에 많은 도움을 준다고 알려져 있어요.

비슈누는 신성한 새인 가루다를 탄 채 동그란 무기 차크람, 철퇴 무기 가다, 소라고둥, 연꽃을 들고 있는 모습으로 자주 묘사돼요. 브라흐마가 창조한 우주가 오래 이어지는 동안 비슈누는 열 번에 걸쳐 세상에 내려온대요. 지금까지 아홉 번 인류를 구했고, 세상을 구하기 위해 내려올 마지막 열 번째 순간만이 남아 있다고 해요.

비슈누

비슈누의 아내는 락슈미예요. 아름다움, 부귀, 행운의 여신이지요. 행운을 가져오고 돈으로 생길 수 있는 슬픈 일에서 지켜 준다고 하여 상인들이 섬기곤 했어요. 연꽃 위에 앉아 있거나 손에 연꽃을 든 아름다운 여인으로 묘사돼요. 네 개 혹은 열여덟 개의 팔을 가진 모습으로도 그려져요. 부엉이나 코끼리를 타고 다니기도 하고 비슈누와 등장하는 그림에서는 함께 가루다를 타고 나와요.

　락슈미는 신과 악마가 늙지도 죽지도 않는 신비의 약을 얻기 위해 바다를 휘젓는 과정에서 탄생했어요. 그녀의 아름다운 모습에 많은 신과 악마가 청혼했지요. 그 가운데 비슈누가 선택을 받았다고 해요.

락슈미

시바와 파르바티

시바는 모든 것을 부수는 엄청난 힘을 지닌 파괴의 신이에요. 어떤 사람들은 시바를 파괴와 창조의 신으로 생각하기도 해요. 그는 검푸른 몸을 하고 있으며, 머리카락에서는 갠지스강이 흘러내린다고 해요. 또 미간에는 3개의 눈이 있는데, 중앙의 눈은 세상 모든 것을 불태울 힘이 있다고 전해져요. 이 눈으로 인간들의 마음속까지 꿰뚫어 보기도 하고요. 목이 검푸른 색인 이유는 시바가 삼키고 있는 독 때문이에요. 이 독은 세상을 망하게 하고 신까지 죽일 수 있다고 해요. 그래서 삼키지 않고 목에 머금고 있는 것이지요.

　시바는 파괴의 신이지만, 인도인들은 그를 깊이 사랑해요. 이는 시바가 인간의 죄로 이어진 굴레를 끊고, 새로운 시작을 할 수 있도록 해 준다는 믿음 때문이랍니다.

시바

시바의 아내인 파르바티는 첫 번째 부인 사티의 환생이에요. 파르바티는 헌신과 아름다움, 모성을 상징하는 여신이에요. 그래서인지 인자하고 자비로운 여신으로 여겨지기도 한답니다. 사티가 죽자 상심한 시바는 히말라야에 틀어박혀 명상에 몰두하고 있었어요. 사티의 환생인 파르바티는 명상하는 시바를 정성스레 보살폈어요. 그 후 시바와 여러 번 헤어질 위기에 처했지만, 끝내는 그의 사랑을 얻어 금슬 좋은 부부가 되었답니다. 파르바티는 시바와 함께 있을 때는 두 팔을 가진 모습으로, 혼자 있을 때는 네 개 혹은 여덟 개의 팔을 하고 호랑이와 사자를 탄 모습으로 그려져요.

파르바티

알아 두면 좋은 인도 인물

고타마 싯다르타

우리가 '부처님'이라고 부르는 석가모니의 본명은 고타마 싯타르타예요. '고타마'가 성이고 '싯다르타'가 이름이랍니다. 산스크리트어 '샤카무니'를 한자로 나타낸 이름 석가모니는 '샤카족(석가)의 성자'라는 뜻이지요. 싯다르타는 샤카족이 다스리는 작은 왕국의 임금 정반왕과 마야 부인 사이에서 태어났어요.

　인간이 늙고 병들지 않으려면 어떻게 해야 할지 고민하던 싯다르타는 왕자의 지위를 버리고 떠났어요. 고된 수행 속에서도 '감정'의 유혹을 이겨 내던 그는 어느 날 보리수나무 아래에서 마침내 깨달음을 얻었습니다. 이후 인도 북부에서 많은 이를 가르치다 수밧타를 마지막 제자로 들인 뒤 80세의 나이로 열반에 들었어요.

라빈드라나트 타고르

타고르는 캘커타의 브라만 가문에서 태어났어요. 타고르의 할아버지는 동인도 회사가 무너질 때 무역으로 부를 쌓은 사람이었대요. 아버지는 힌두교를 개혁하는 데 깊은 관심을 두어 위대한 성자를 의미하는 '마하르시'라는 호칭을 얻었지요.

　타고르는 여덟 살 때부터 글에 뛰어난 재능을 보였어요. 이후 시집 「기탄잘리(신께 바치는 노래)」를 써서 노벨 문학상을 받았어요. 이는 아시아인 최초로 노벨상을 받은 놀라운 일이었어요. 타고르는 문학 외에도 교육과 조국의 독립운동에도 힘을 쏟았답니다.

자와할랄 네루

네루는 관료와 학자를 배출한 명문 가문에서 태어났어요. 영국의 케임브리지 대학에서 공부하면서 서양의 정치와 과학을 접하고 인도의 독립을 꿈꾸게 되었지요. 네루는 1919년부터 인도 국민 의회에 들어가 정치 활동을 시작했어요. 마하트마 간디와 함께 독립에 힘쓰다 체포되어 9년 동안 감옥에 갇히기도 했지요.

마침내 인도가 독립한 후, 초대 총리가 된 네루는 '새로운 인도'를 꿈꾸며 나라의 미래를 설계했어요. 농업과 공업이 발전하도록 여러 정책을 펼쳤고, 여러 기업을 세워 인도의 현대화를 이루려 노력했지요. 딸 인디라 간디 또한 훗날 총리가 되어 아버지가 이룬 인도의 발전에 힘을 보탰답니다.

도전! 인도의 명물 맞히기

앞에서 읽은 인도의 매력 만점 도시들의 이야기를 떠올려 보세요.
주어진 단서와 초성 글자를 보면서 다음의 이름을 맞혀 봐요.

샤자한 황제가 뭄타즈 마할 황후를
기리려고 지었어.
궁전이 아닌 아름다운 무덤이야!

ㅌ ㅈ ㅁ ㅎ

붉은색으로 성을 꾸민 게 특징이야.
이 성을 지을 때 처형한 죄수들을
분수 아래에 묻었대.

ㅂ ㅇ ㅅ

인도의 재능 있는 춤꾼들이 있는 무용 학교야.

무용 학교

시크교의 유명한 성지야.
사원의 황금빛이 인상 깊어.

찬드라얀 2호 우주선을 쏘아 올린 곳이야.

| ㅅ | ㅌ | ㅅ | ㄷ | ㅇ |

우주 센터

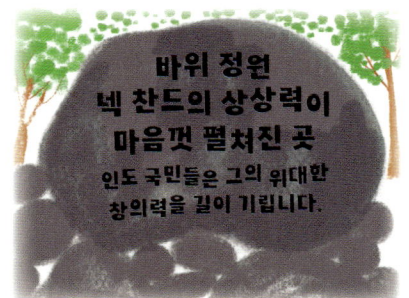

도로 감독관 넥 찬드가 만든 멋진 정원이야.

| ㅊ | ㄷ | ㄱ | ㄹ |

바위 정원

선사 시대에 그려진 그림들을
볼 수 있는 동굴이야.
고고학자 비슈누 와칸카르 박사가
우연히 발견했대.

동굴

멸종 위기 동물들을 만날 수 있는
국립 공원이야. 히말라야산맥이 자리 잡은
이곳은 눈과 빙하 계곡이 멋지지!

국립 공원

이 이름은 뭐지?

인도에서는 즐거운 축제들이 열리곤 해요. 화려하고 맛난 음식이 가득한 축제들은 종교와 관련 있답니다. 그림을 보고 알맞은 축제의 이름을 이어 보세요.

 •   • 로사

 •   • 푸쉬카르 낙타 축제

 •   • 쿰브 멜라

 •   • 디왈리 축제

 •   • 홀리

인도 무용수들의 아름다운 춤을 더욱 돋보이게 해 주는 악기를 빼놓을 수 없지요.
다음은 인도의 악기 그림이에요. 이 악기들의 이름을 알맞게 이어 보세요.

- •   • **하모늄**
- •   • **반수리**
- •   • **돌락**
- •   • **만지라**
- •   • **시타르**
- •   • **타블라**
- •   • **탄푸라**

인도의 주 이름 따라 쓰기

ㄱ

고아 Goa

구자라트 Gujarat

ㄴ

나갈랜드 Nagaland

ㄹ

라자스탄 Rajasthan

 마니푸르 Manipur

마디아프라데시 Madhya Pradesh

마하라슈트라 Maharashtra

메갈라야 Meghalaya

미조람 Mizoram

비하르 Bihar

서벵골 West Bengal

시킴 Sikkim

ㅇ

아루나찰프라데시 Arunachal Pradesh

아삼 Assam

안드라프라데시 Andhra Pradesh

오디샤 Odisha

우타라칸드 Uttarakhand

우타르프라데시 Uttar Pradesh

ㅈ **자르칸드** Jharkhand

ㅊ **차티스가르** Chhattisgarh

ㅋ

카르나타카 Karnataka

케랄라 Kerala

ㅌ

타밀나두 Tamil Nadu

텔랑가나 Telangana

트리푸라 Tripura

ㅍ

펀자브 Punjab

ㅎ

하리아나 Haryana

히마찰프라데시 Himachal Pradesh

인도 연방 직할령

ㄷ 다드라 나가르하벨리 다만 디우
Dadra and Nagar Haveli and Daman and Diu

델리 Delhi

ㄹ 라다크 Ladakh

락샤드위프 Lakshadweep

ㅇ **안다만 니코바르** Andaman and Nicobar

ㅈ **잠무 카슈미르** Jammu and Kashmir

ㅊ **찬디가르** Chandigarh

| ㅍ | **푸두체리** Puducherry |

 **정답**

샤자한 황제가 뭄타즈 마할 황후를
기리려고 지었어.
궁전이 아닌 아름다운 무덤이야!

| 타지마할 |

붉은색으로 성을 꾸민 게 특징이야.
이 성을 지을 때 처형한 죄수들을
분수 아래에 묻었대.

| 붉은 성 |

인도의 재능 있는 춤꾼들이 있는 무용 학교야.

칼라크셰트라 무용 학교

시크교의 유명한 성지야.
사원의 황금빛이 인상 깊어.

황금 사원

찬드라얀 2호 우주선을 쏘아 올린 곳이야.

사티시 다완 우주 센터

도로 감독관 넥 찬드가 만든 멋진 정원이야.

찬디가르 바위 정원

선사 시대에 그려진 그림들을
볼 수 있는 동굴이야.
고고학자 비슈누 와칸카르 박사가
우연히 발견했대.

빔베트카 동굴

멸종 위기 동물들을 만날 수 있는 국립 공원이야. 히말라야산맥이 자리 잡은 이곳은 눈과 빙하 계곡이 멋지지!

헤미스 국립 공원

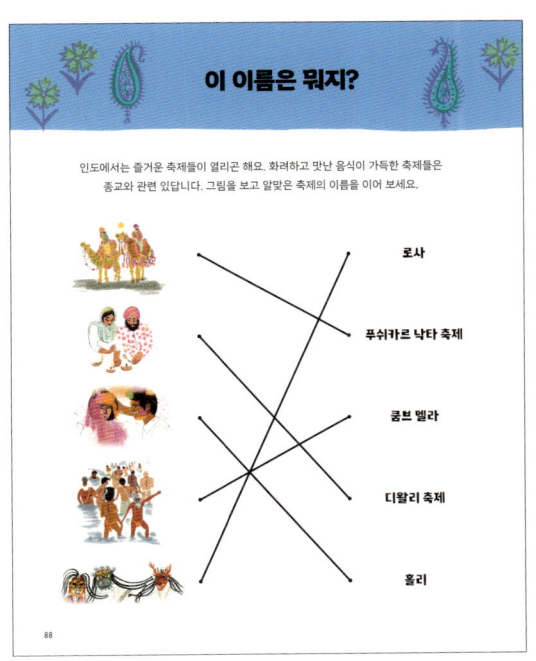

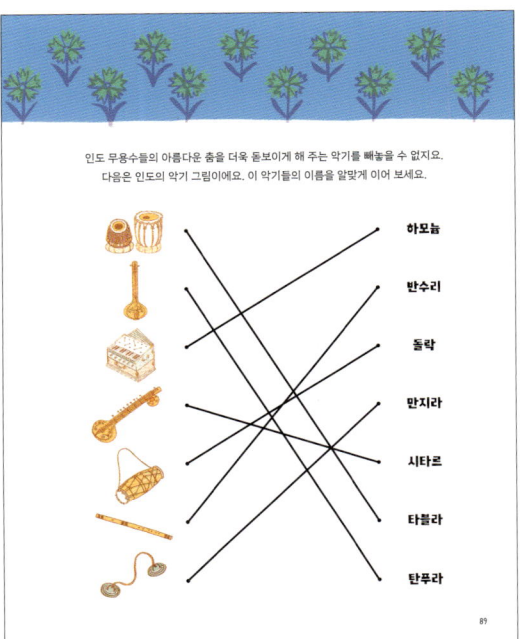

101

찾아보기

ㄱ

가가넨드라나트 타고르 33
강가 여신 10~11
강고트리 10~11
갠지스강 10~11, 24
갠지스강돌고래 17
공작 62
구루 56~57
구르푸랍 25
구자라트주 50~52
국제 연날리기 축제 51
굽타 왕조 67
권투 44~45
기르 국립 공원 50
기르 숲 16
길거리 음식 14, 36
꼭두각시 54

ㄴ

나왑 51
난달랄 보스 33
네루 재킷 58
넥 찬드 12~13
눈표범 60~61
뉴델리 15
니디 티와리 46
니코바르 제도 28~29

ㄷ

다르질링 30
다르질링 히말라야 철도 31
다바왈라 36
다섯 가지 K 57
달콤한 간식 22, 37
대나무 27
데이비드 애튼버러 61
델리 14

도비 가트 49
도장 53
도크라 59
동물원 바위 21
동인도 회사 67
두루미 27
디왈리 축제 22~23

ㄹ

라다크 60~61
라마 23
라빈드라나트 타고르 19
라술바이 라힘바이 51
라씨 64
라자스탄주 54~55
라지푸트족 54
라티카 카트 33
락시마나 23
란지트 싱 63
랑가르 36, 57
랑골리 무늬 22
레카 로드위티야 33
리투 카리달 38

ㅁ

마디아프라데시주 20
마리 콤 45
마우리아 왕조 67
마주리섬 26
마하라슈트라주 48
마하라자족 54
마하비라 24
만들어진 폭포 12
말라캄 44
모란왈리 62~63
모한다스 카람찬드 간디 69
몬순 26

무굴 제국 14~15, 59, 66~67
무술 15
무타야 바니타 38
물라이 숲 27
뭄바이 48~49
미나카리 59

ㅂ

바다소 28~29
바라타 나티암 40~41
바르피 22, 37
바스쿠 다가마 66
발리우드 48~49
베 짜는 사람 58
벵갈루루 46~47
벵골 학파 32
벵골호랑이 16~17
부바네스와르 34~35
부바네스와르 향신료 시장 34
붉은 성 14~15
브라마푸트라강 26
비슈누 와칸카르 21
빔베트카 동굴 그림 20
빙하 11, 60

ㅅ

사니아 미르자 45
사리 8, 58
사타바하나 왕조 67
사트푸라 국립 공원 16
사티시 다완 우주 센터 38
산스크리트어 6
샤자한 15, 19, 67
서벵골주 30
소금 행진 68~69
순다르반스 국립 공원 17
스키 61

스타아니스 34
쓰나미 29, 68
시바 신 10, 25, 47
시킴주 22
시타 23

ㅇ
아라비아해 42
아라칸산맥 29
아루니마 신하 44
아마다바드 51
아미타브 밧찬 48
아바닌드라나트 타고르 32~33
아삼주 26
아소카의 사자 수도 50
아유르베다의 약 43
아크바르 66
안다만 니코바르 제도 28~29
안드라프라데시주 38
암리차르 56
애고니 루프 31
에드윈 루티엔스 15
연날리기 44
오디샤주 34
오이먀콘 47
올드델리 14~15
우다이푸르 54~55
우타라칸드주 10
우타르프라데시주 18
웨스턴 가트 43, 46
이드 알 피트르 25
이슬람교 6, 24
인더스 문명 44, 52
인도 국민 의회 66, 68
인도 우주 연구소 38
인도코뿔소 17
인디라 간디 68

ㅈ
자귀나무 26~27, 64

자다브 파얀 26~27
자무나강 19
자미니 로이 33
자스프리트 범라 45
자와할랄 네루 38, 68
자이나교 6, 23~24
자이살메르 55
자이푸르 38, 55
잔타르 만타르 14
잠무 60
조로아스터교 6
종교 축제 24
지진 29
직물 공예 58
진흙 거울 59

ㅊ
차이 8, 22, 34, 62
찬드라얀 2호 38~39
찬디가르 12~13
찬디가르 바위 정원 12
채식주의자 36
처트니 소스 36
체나 포다 35
체스 52
첸나이 40
촐라 상 47
춤추는 소녀 53
칭기즈 칸 66

ㅋ
카다멈 34
카르타나카주 46
카바디 44
카슈미르 60~61. 68
카지랑가 국립 공원 17
칼라디 쿨차 61
칼라크셰트라 40
케랄라주 42
케오라데오 국립 공원 16

켄랍 푼초그 61
코끼리 16, 42~43
코벳 국립 공원 16
콜카타 32~33
쿠샨 왕조 67
쿠쉬티 15
쿰브 멜라 25
크리켓 33, 44~45

ㅌ
타밀나두주 40
타지마할 18~19, 67
테니스 45
툭툭 14

ㅍ
파코라 36
파키스탄 51, 55
펀자브주 56, 62
펠와니 44
폴로 33
푸쉬카르 낙타 축제 25
피시 모모 37
피에트라 두라 19
필드하키 44

ㅎ
하누만 15, 23
하리 만디르 57
하우라 다리 32
향신료 22, 34~35
헤나 59
헤미스 국립 공원 60
호수 궁전 54
홀리 25
황금 사원 56~57
흰배바다수리 29
히말라야 10~11, 30~31
힌두교 6, 11, 23~25
힌디어 6

더 알아보기

- 인도의 정보를 더 알아보고 싶다면 : www.britannica.com/facts/India
- 인도어를 배우고 싶다면 : www.omniglot.com/writing/languages.htm
- 인도의 음악을 알아보고 싶다면 : www.worldmusic.net/collections/asia/indian
- 인도의 야생 동물을 알아보고 싶다면 : www.wwfindia.org
- 인도의 현장을 생생하게 담은 다큐멘터리: 내셔널 지오그래픽 〈와일드 인디아(2012)〉
- 인도가 배경이거나 인도의 영향을 받은 이야기를 알아보고 싶다면 : www.booksfortopics.com/booklist-india and www.booktrust.org.uk/news-and-features/features/2020/september/9-brilliant-childrensbooks- inspired-by-india-chosen-by-jasbinder-bilan

번역 김미선

중앙대학교 사학과를 졸업하고 미국 마켓 대학교에서 커뮤니케이션으로 석사 학위를 받았어요. 언어의 힘을 내비게이션 삼는 호기심 많은 번역가예요. 세상의 모든 이야기를 나이와 장르 구분 없이 표현하는 지역 독서 모임을 운영하며 사람들과 소통하고 있어요. 현재 어린이·청소년 출판 기획 및 번역을 하고 있어요.

* 옮긴 책 : 『딸에게 보내는 인문학 편지』, 『런던의 마지막 서점』, 『어쩌다 고고학자들』 등

INDIA, INCREDIBLE INDIA by Jasbinder Bilan, illustrated by Nina Chakrabarti
Text © 2022 Jasbinder Bilan
Illustrations © 2022 Nina Chakrabarti

All rights reserved. No part of this book may be reproduced, transmitted, broadcast or stored in an information retrieval system in any form or by any means, graphic, electronic or mechanical, including photocopying, taping and recording, without prior written permission from the publisher.
This Korean edition was published by Will Books Publishing Co. in 2025 by arrangement with Walker Books Limited, London SE11 5HJ, through KCC(Korea Copyright Center Inc.), Seoul.

• 이 책은 (주)한국저작권센터(KCC)를 통한 저작권자와의 독점 계약으로 (주)윌북에서 출간되었습니다.
• 저작권법에 의해 한국 내에서 보호를 받는 저작물이므로 무단 전재와 복제를 금합니다.

지리마블 인도

펴낸날 초판 1쇄 2025년 11월 24일

글쓴이 자스빈더 빌란
그린이 니나 샤크라바티
옮긴이 김미선
펴낸이 이주애, 홍영완
편집장 최혜리
윌북주니어 도건홍, 김혜민, 한수정, 이은일
편집 박효주, 홍은비, 강민우, 안형욱, 김혜원, 최서영, 송현근, 이소연
디자인 김주연, 기조숙, 박정원, 윤소정, 박소현
홍보마케팅 박영채, 김태윤, 김준영, 백지혜
콘텐츠 양혜영, 이태은, 조유진
해외기획 정미현, 정수림
경영지원 박소현

펴낸곳 (주)윌북 출판등록 제2006-000017호
주소 서울특별시 마포구 동교로19길 28(서교동 448-9)
전화 02-323-3777 팩스 02-323-3778
홈페이지 willbookspub.com
블로그 blog.naver.com/willbooks
트위터 @onwillbooks
인스타그램 @willbooks_pub | @willbooks_jr
ISBN 979-11-5581-856-5 (74900)
     979-11-5581-798-8 (74900) (세트)

- 책값은 뒤표지에 있습니다.
- 잘못 만들어진 책은 구입하신 서점에서 바꿔 드립니다.
- 이 책의 내용은 저작권자의 허가 없이 AI 트레이닝에 사용할 수 없습니다.
- 75~83쪽 사진 출처 : 위키백과 공공 도메인

윌북주니어는
윌북의 어린이책 브랜드입니다